Max Lüscher
Das Harmoniegesetz in uns

Max Lüscher

# Das Harmoniegesetz in uns

Ein neuer Weg zu innerem Gleichgewicht
und sinnerfülltem Leben

ECON Verlag
Düsseldorf · Wien

1. Auflage 1985
Copyright © 1985 by ECON Verlag GmbH, Düsseldorf und Wien.
Alle Rechte der Verbreitung, auch durch Film, Funk und Fernsehen, foto-
mechanische Wiedergabe, Tonträger jeder Art, auszugsweisen Nachdruck
oder Einspeicherung und Rückgewinnung in Datenverarbeitungsanlagen
aller Art, sind vorbehalten.
Gesetzt aus der Garamond der Fa. Linotype GmbH
Satz: Computersatz Bonn GmbH, Bonn
Papier: Papierfabrik Schleipen GmbH, Bad Dürkheim
Druck und Bindearbeiten: Franz Spiegel Buch GmbH, Ulm
Printed in Germany
ISBN 3 430 162254

# Inhaltsverzeichnis

## I. Teil

## II. Teil

## III. Teil

# Die vier Aspekte der objektiven Welt _____ 177

## IV. Teil

# Theorie der Funktionspsychologie _____ 183

# I. Teil

## »Die dringlichste aller Fragen«

Wenn Sie dieses Buch lesen, weil Sie mehr Freude erleben wollen, weil Sie Ihre persönlichen Beziehungen harmonischer gestalten möchten oder weil Unsicherheit und Angstgefühl Ihnen das Leben schwermachen und weil Sie in jeder Lebenslage, selbst wenn Sie an Ihren Tod denken, im inneren Gleichgewicht bleiben möchten, dann sind Sie der, für den ich es schreibe.

Ich bedaure, daß ich nicht direkt mit Ihnen sprechen kann. Aber ich werde so schreiben, als könnte ich mit Ihnen reden und als säßen Sie neben mir.

Ich möchte Ihnen erklären, was in Ihnen vorgeht und was Sie besser machen können, wenn Sie unzufrieden oder entmutigt sind, weil der Erfolg ausbleibt, oder wenn Sie bedrückt sind oder wenn Sie das Gefühl der inneren Einsamkeit oder gar das grausam quälende Gefühl der Angst überkommt.

Ich möchte es Ihnen so erklären, daß Sie die Zusammenhänge, die an sich einfach sind, klar durchschauen und verstehen. Das ist nötig, um von diesen zerstörerischen Gefühlen frei zu werden. Zugleich besitzen Sie damit das Werkzeug, um Ihre eigenen Probleme zu lösen, aber auch um die Hintergründe zu verstehen, wenn das Verhalten eines anderen Sie ärgert oder enttäuscht.

Dieses Buch macht Ihnen die Funktion der Psyche verständlich. Wenn Sie es lesen, werden Sie die Funktionspsychologie verstehen, die genauso für Sie wie für jeden anderen gilt.

Weil die Funktion der Psyche so einfach, ja im Grunde so selbstverständlich ist, versteht eine Mutter ihr Kind und das Kind seine Mutter. Beide spüren, wie die Psyche funktioniert.

Wir wollen zusammen erreichen, daß wir nicht nur spüren, wie die Psyche funktioniert, sondern dies auch ganz klar wissen und durchschauen können. Immer dann nämlich, wenn uns die Gefühle überwältigen, müssen wir sie mit der Einsicht, die wir uns aneignen werden, wieder unter Kontrolle bringen. Wie rasch entzündet sich ein Ärger, wie schnell sind wir enttäuscht. Dann aber, wenn die Sicherungen durchzubrennen drohen, nützen uns nur das Wissen und die Einsicht, die wir uns jetzt im voraus erwerben werden. Damit hilft uns die Funktionspsychologie, eine Situation richtig zu verstehen, sie richtig zu beurteilen, um dann richtig handeln zu können.

Vielleicht haben Sie sich schon mit Psychologie befaßt und haben trotz aller Bemühungen nichts gefunden, was Ihnen für Ihr eigenes Leben von Nutzen ist, nichts, was Sie zu einem fröhlichen, genußfreudigen und befriedigend erfolgreichen Menschen gemacht hat.

Vielleicht haben Sie von all dem genug, weil Sie statt befreiender Klarheit bisher moralisierende Sonntagspredigten oder komplizierte, von unklaren Fremdwörtern belastete Abhandlungen angetroffen haben.

Dieses Buch zu lesen wird Ihnen aber nicht schwerfallen. Es handelt von Ihnen. Es wird Ihnen erklären, was Sie falsch machen, wenn Sie sich ärgern, wenn Sie unzufrieden oder bedrückt sind, wenn Sie sich nicht froh fühlen oder nicht in Harmonie mit den geliebten Menschen leben.

Sie werden die vier Grundformen der Angst und Depressionen kennenlernen. Sie werden auch die vier Grundformen der Illusionen kennenlernen. Und vor allem, Sie werden verstehen, wie Illusionen und Enttäuschungen voneinander abhängen und sich gegenseitig verursachen. Sie werden verstehen, was Sie falsch machen, wenn Sie Angst haben, obgleich Sie gar nicht wirklich bedroht sind.

Einer der bedeutendsten Schriftsteller des 20. Jahrhunderts, Graham Greene, dessen weltbekannte Werke vierzig Bände umfassen, schreibt in erschütternder Ehrlichkeit über sich: »Ich kann mir nicht vorstellen, wie all diejenigen, die nicht schreiben oder komponieren oder malen, dem Irrsinn der Melancholie und der panischen Furcht entgehen können, die zur Situation des Menschen gehören.«

»Das Schreiben«, sagt Greene von sich als Schriftsteller, »ist der Königsweg der Flucht.«

Wenn wir nun aber keine genialen Schriftsteller, Maler oder Komponisten sind und wir diese Königswege der Flucht nicht gehen können, welche Möglichkeiten haben wir, mit dem Ärger, den Enttäuschungen, der inneren Einsamkeit, der Depression oder der Folter der Angst fertig zu werden?

In diesem Buch möchte ich mich darum bemühen, Ihnen zu zeigen, wie Sie die Kunst erlernen, in der Gegenwart dieses Augenblicks sinnvoll zu leben. Es geht darum, den Augenblick freudvoll zu gestalten und mit Wachheit zu erleben. Wir müssen aber auch lernen, das Unabänderliche wie unser Alter und unseren Tod zu akzeptieren und zu bejahen. Es kommt darauf an, daß wir in dieser Gegenwart, in diesem Augenblick unser inneres Gleichgewicht bewahren. Damit schaffen wir die bestmögliche Voraussetzung für den nächsten Augenblick.

Wer sich im inneren Gleichgewicht fühlt, wer sinnvoll lebt, sucht nicht nach Ausflüchten. Er braucht sie nicht.

Ist Ihnen schon aufgefallen, wie oft wir täglich vieles nur deshalb tun, um vor etwas Unangenehmem auszuweichen? Diese unbewußten Fluchtwege sind Umwege, sind Irrwege und Sackgassen. Sie sind letztlich mühsam und nutzlos. Damit meine ich die Illusionen, die wir uns machen, und die Ausreden, mit denen wir uns selbst betrügen.

Dabei muß ich an Bert S. denken, den ich schon seit fünfzehn Jahren kenne. Durch Schlauheit und Fleiß war er ungewöhnlich reich geworden. Dann machte er Konkurs und hatte mehrere Millionen Mark Schulden. Bald hatte er wieder ein ansehnliches Vermögen und lebte im früheren Luxus. Als cleverer Geschäftsmann arbeitete er viel und hart. Zu Frau und Sohn hatte er keine herzliche Beziehung. Einzig das Gefühl der Macht, wenn er andere ausnutzen und große Profite erzielen konnte, gab ihm eine Befriedigung. Dann verdiente er mit einem Schlag zehn Millionen Dollar. Zugleich ließ er sich von seiner Frau scheiden. Ich traf ihn wieder, als er gerade fünfzig geworden war. Er meinte:»Nun bin ich reich genug. Ich habe für mein ganzes Leben ausgesorgt. Endlich hab' ich mich auch scheiden lassen. Zum ersten Mal in meinem Leben fühle ich mich frei.« Ich antwortete:»Du stehst vor deiner schwersten Aufgabe: vor der Aufgabe, frei sein zu können, denn du weißt nicht, was Freiheit ist.«

»Doch«, gab er zurück.»Als ich letzte Woche mit meiner neuen Yacht auf den See hinaus fuhr, da fühlte ich mich zum ersten Mal richtig frei.«

»Ich sehe das anders«, widersprach ich.»Du warst stolz auf dich. Du bist dir als Kapitän deiner Yacht großartig vorgekommen, weil du jetzt von deinem Erfolg profitierst. Dein Gefühl war Stolz und Selbstbestätigung, aber nicht innere Freiheit.«

Um sein Geld gut anzulegen, hat er sich inzwischen eine Firma aufgebaut, die ihm viele Sorgen bereitet und viel Arbeit abverlangt. Sein Boot liegt ungenutzt im Hafen.

Weiß er, daß seine Arbeit eine Ausflucht ist? Nein, er weiß es nicht. Es wäre für ihn vernichtend, wenn er sich eingestehen würde, daß er sich zum Sklaven seiner Geschäftigkeit machen muß; denn ihm fehlen die inneren Voraussetzungen, um sein Leben sinnvoll und freudvoll zu gestalten. Er kennt nur Geschäftspartner. Er pflegt keine einzige Freundschaft. Er hat auch keine besondere Freude an der schönen See- und Berglandschaft, in der er wohnt. Gute Gespräche, Bücher, Musik, kreatives Gestalten, Sport und Reisen oder geschmackvolles Kochen und Essen – das alles sagt ihm nichts. Er meint, dazu fehle ihm die Zeit. Was ihm aber wirklich fehlt, ist die innere Freiheit, das zu tun, was sinnvoll ist und Freude bereitet. Er muß tun, wozu es ihn treibt: mit Geld seine Überlegenheit zu beweisen und sich dadurch selbst zu bestätigen.

Dieser arme Reiche sieht nicht, daß er bei einigen damit höchstens Neid erweckt, daß den anderen aber das viele Geld, das nicht ihnen gehört, völlig gleichgültig ist. Bert S. ist Kettenraucher. Sogar zum Essen trinkt er Whisky. Er liest eifrig Heiratsinserate. Abends um acht Uhr schaltet der Fernseher automatisch die Abendschau ein. Das nachfolgende Programm ist ihm zur Ablenkung willkommen.

Was eigentlich treibt ihn zu diesem sinnlosen Tun, zur Betäubung mit Arbeit und Geld? Warum betäuben sich Menschen mit Alkohol oder Drogen? Warum rauchen manche Menschen zuviel, essen zuviel oder jagen dem Sex nach? Was steckt hinter all unseren illusionären Ausflüchten? Umgekehrt kann man sich fragen, wovor wir eigentlich Angst haben, wenn wir unsicher und gehemmt sind? Was bedeutet es, wenn wir deprimiert sind oder uns einsam fühlen?

Die Ursache für all diese quälenden Fragen ist letzlich immer dieselbe: Das Leben, das wir zur Zeit führen, erscheint uns unbefriedigend oder sogar sinnlos.

Darum heißt »die dringlichste aller Fragen«: Was ist der Sinn meines eigenen, meines persönlichen Lebens? Was ist der Sinn, an dem ich mein Leben orientieren kann, der mir von Situation zu Situation sagt, was ich tun und wie ich entscheiden soll?

Genau auf diese Frage versuche ich mit Ihnen in dem, was Sie lesen werden, eine klare und einfache Antwort zu finden.

15

Ohne diese Antwort kann das Leben zur Irrfahrt ohne Kompaß werden oder wie bei Brigitte K. aus Berlin-Charlottenburg in einer Sackgasse enden. Brigitte war beliebt und hatte wegen ihres guten Aussehens mehrere Verehrer. Drei Wochen zuvor hatte sie die Junioren-Tennismeisterschaft gewonnen. Fünf Tage nach ihrem siebzehnten Geburtstag hat sie den lapidaren Satz »Ich weiß es jetzt, das Leben hat keinen Sinn« auf einen Briefbogen geschrieben und ihrem Leben durch einen Sprung aus dem fünften Stock ein Ende gesetzt.

Was hätte ich diesem Mädchen geantwortet, wenn es mich nach dem Sinn des Lebens gefragt hätte?

Was wäre Ihre Antwort gewesen?

Was hätte der Pfarrer gesagt? Hätte er gesagt: »Gott oder die Kirche verbieten den Freitod«?

Wäre eine psychiatrische Behandlung erforderlich gewesen? Was hätte der Psychiater gesagt? Hätte er eine »Depression« oder eine »Schizophrenie« diagnostiziert und entsprechende Psychopharmaka verordnet?

Was würde der Psychotherapeut tun? Würde er, seiner psychoanalytischen Gewohnheit entsprechend, nach sexuellen Konflikten, nach dem Ödipuskomplex und nach Ursachen in der frühen Kindheit forschen? Oder würde er einfach anfangen, das zu tun, was er auf gut Glück bei jedem versucht: irgendwie mit den gelernten Methoden zu erreichen, daß es dem Patienten künftig bessergeht?

Der Pfarrer, der Psychotherapeut mögen ihr Bestes tun, weil sie darin ihre Berufung oder ihren Broterwerb sehen. Die Frage bleibt aber offen, ob das, was sie sagen, für Sie oder für mich eine befriedigende Antwort wäre.

Mich jedenfalls könnte die Antwort des Theologen nicht zufriedenstellen.

Die Psychopharmaka des Psychiaters würde ich zurückweisen und in diesem Falle als Zumutung empfinden. Doch ich weiß, der Psychiater sieht sich als Naturwissenschaftler. Er betrachtet die Frage nach dem Sinn des Lebens als private Philosophie. Beruflich ist sie für ihn belanglos. Denn sie paßt nicht in sein Konzept.

Der Psychotherapeut spürt, daß er die Kernfrage nach dem Sinn des Lebens nicht einfach ignorieren darf. Darum fühlt er sich verlegen, wenn sie gestellt wird. Er umgeht das Thema, oder er verweist auf seinen privaten religiösen Glauben.

Ist es nicht absurd, wenn die Frage nach dem Sinn des Lebens, die Frage, worin die Seele ihr Heil findet, von sogenannten Seelenheilkundigen, vom Psychiater und Psychotherapeuten, als Ausdruck einer seelischen Störung, als neurotische Depression abgetan wird? Und wenn er versucht, diese Frage mit Psychopharmaka zu betäuben oder mit psychotherapeutischen Aktivitäten zu beseitigen?

Doch, ich finde es absurd. Für mich ist das eine wesentliche und sogar die wichtigste Frage. Ich möchte wissen, was für mich als sicher gelten kann und was ich hoffen kann.

Meinen kindlichen Glauben, die Welt sei ein Ort der Sicherheit und Geborgenheit, habe ich sehr früh verloren. Diesen Kinderglauben habe ich verloren, längst bevor ich wußte, daß außer meinen Eltern, Geschwistern und Nachbarn viele Milliarden Menschen gleichzeitig auf dieser mir unermeßlich groß scheinenden Erde ihr Schicksal erleben; längst bevor ich wußte, daß Fische schon vor 450 Millionen Jahren diese Gestalt hatten, während die schneebedeckten Alpen, die ich gerne als Symbol ewiger Stabilität betrachte, erst »kürzlich«, vor

17

130 Millionen Jahren, entstanden sind; längst bevor ich erfuhr, daß unsere Erde nur Teil eines ganzen Sonnensystems ist und daß dieses einer ganzen Milchstraße von Systemen angehört.

Später habe ich begriffen, daß die Naturwissenschaft keinen Ersatz für den verlorenen Kinderglauben bieten kann; im Gegenteil, durch ihren grenzenlos scheinenden Raum und ihre unvorstellbaren Zeitmaße drängt gerade sie mir die Frage nach dem Sinn meines persönlichen Lebens in diesem unermeßlichen Universum als unausweichliche Herausforderung auf.

Daß die heutige Seelenheilkunde diese Kernfrage des Menschen ignoriert oder als seelische Erkrankung taxiert, ist tatsächlich absurd; denn mit der Frage nach dem Sinn frage ich nach der geistigen Orientierung, die ich alltäglich brauche, um das Richtige zu tun und mich trotz all der Schwierigkeiten wohl zu fühlen und aus Freude zu leben.

Albert Camus schreibt 1942 in seinem »Mythos vom Sisyphos«: »Ob das Leben sich lohne oder nicht, beantwortet die Grundfrage der Philosophie ... Für das Herz sind das unmittelbare Gewißheiten. Man muß sie aber gründlich untersuchen, um sie dem Geiste deutlich zu machen. Wenn ich mich frage, weswegen diese Frage dringlicher als irgendeine andere ist, dann antworte ich: Der Handlungen wegen, zu denen sie verpflichtet. Ich kenne niemanden, der für den ontologischen Beweis* gestorben wäre. Galilei, der eine schwerwiegende wissenschaftliche Antwort besaß, leugnete sie mit der größten Leichtigkeit, als sie sein Leben gefährdete. In gewissem Sinne tat er recht daran. Diese Wahrheit war den Scheiterhaufen nicht wert. Ob die Erde sich um die Sonne dreht oder die Sonne um die Erde, das ist im Grunde gleichgültig. Um es genau

---

* Der Beweis dessen, was als Wirklichkeit besteht.

zu sagen, ist das eine nichtige Frage. Dagegen sehe ich viele Leute sterben, weil sie das Leben nicht für lebenswert halten. Andere wieder lassen sich paradoxerweise für die Ideen oder Illusionen umbringen, die ihnen einen Grund zum Leben bedeuten. Also schließe ich, daß die Frage nach dem Sinn des Lebens die dringlichste aller Fragen ist.«

Die Frage nach dem Sinn des Lebens ist die philosophische Frage, die jeden angeht. Die Antwort, die wir darauf geben, entspringt der Überzeugung, die wir haben und als inneren Kompaß brauchen. Was wir als Sinn unseres persönlichen Lebens sehen, das wird zur Philosophie und Überzeugung, nach der wir unser Leben und unser Schicksal gestalten.

Ich möchte die Frage nach dem Sinn nicht mit einer Definition beantworten. Das wäre für ein wirkliches Verstehen unfruchtbar. Darum möchte ich das Verständnis und die Antwort mit Ihnen gemeinsam erarbeiten.


## Die Harmonie

Wenn ich mich beobachte, dann habe ich den Eindruck, hinter allem, was ich tue, ist eigentlich immer dasselbe Anliegen; es geht mir letztlich immer darum, in allem Harmonie und ein Verhältnis des Gleichgewichts zu finden oder selbst herzustellen. Ich frage mich, was ich eigentlich will, wenn mir die Liebe so lebenswichtig ist, warum mich die Schönheit einer Landschaft oder einer Gestaltung so glücklich macht, warum ich so lange an einer Aufgabe arbeite, bis mir alles verständlich und klar erscheint, bis es stimmt und funktioniert. Ich frage mich, warum ich mich über eine unredliche Haltung ärgere oder warum ich um eine Sache kämpfe. Was ist das eigentliche Motiv oder Ziel dieses Strebens? Letztlich geht es mir immer um die Harmonie, die ich suche und anstrebe. Mir scheint, das Ziel meines Strebens sei letztlich immer dasselbe, nämlich Harmonie als Gleichgewichtsverhältnis zwischen mir und der Welt zu erreichen.

Wenn früher jemand von sich gesagt hätte, diese Überzeugung sei die Grundlage seiner wissenschaftlichen Methode, hätte ich gedacht »zu schön, um wahr zu sein« und hätte ihn als Schwärmer nicht ernst genommen. Doch jetzt, nachdem in den letzten 35 Jahren mit dem Farbtest zahlreiche statistische Beweise zum Beispiel in der Psychiatrie und internistischen Medizin erbracht worden sind, und durch Beobachtungen, die ich in der täglichen Praxis als Psychotherapeut machen konnte, ist das Harmonieprinzip der Funktionspsychologie als Persönlichkeitstheorie entstanden.

Und wenn ich mich heute frage, zu welcher Einsicht mich die theoretischen und praktischen Forschungen der letzten Jahrzehnte geführt haben, wird mir klar, daß die Erfahrung das bestätigt hat, was schon immer mein Glaube war: *Der eigentliche Sinn allen zweckhaften Tuns ist die Harmonie.*

Wenn ich sage: »Der Sinn allen Tuns ist die Harmonie«, mag das manchem als optimistische Schönfärberei oder als frommer Kinderglaube erscheinen. Dann aber versteht er mich nicht ganz; denn damit habe ich nicht gemeint, daß jemand das, was er persönlich als mißbehaglich erlebt, dennoch als geordnete Harmonie erkennen würde. Sehr viele Menschen leiden unter dem Mangel an Harmonie. Sie leben in einer Disharmonie. Viele halten ihr Leben deswegen für sinnlos. Aber zeigt das nicht deutlich, daß sie das benötigen, was ihrem Leben einen Sinn gibt, und daß sie nach einem Sinn suchen? Wer von sich sagt, daß das Leben, das er führt, keinen Sinn hat, zeigt doch gerade, daß er ihn entbehrt...? Das bedeutet, daß er überzeugt ist, daß das Leben einen Sinn haben muß. Darum schreibt Camus: »Ich sehe viele Leute sterben, weil sie das Leben nicht für lebenswert halten. Andere wieder lassen sich paradoxerweise für die Ideen oder Illusionen umbringen, die ihnen einen Grund zum Leben bedeuten. Also schließe ich, daß die Frage nach dem Sinn des Lebens die dringlichste aller Fragen ist.«

Es ist offensichtlich: Wir Menschen leben nicht nur, um unsere vitalen leiblichen Bedürfnisse zu befriedigen. Es genügt uns nicht, bloß den Hunger zu stillen und sexuelle Reize wie Tiere in der Brunstzeit abzureagieren. Wir alle haben die Fähigkeit, zu denken und zu urteilen. Darum wissen wir, ob die Situation, in der wir leben, freudvoll, harmonisch und sinnvoll ist oder ob sie uns zerstörerisch und sinnwidrig erscheint.

Freilich ist es keineswegs leicht, in solchen Situationen eine sinnvolle Harmonie zu erkennen, wo unsere persönlichen Wünsche enttäuscht werden oder unsere Ansprüche und Bemühungen scheitern. Wer unter Harmonie ein behagliches Dahinvegetieren versteht, dem werden Unbehaglichkeiten und Enttäuschungen als Beweis für die Sinnlosigkeit dienen. Aus seiner pessimistischen Sicht mag er mich deshalb für einen »Optimisten« halten. Doch er mißversteht mich, wenn er meint, ich wolle die Wirklichkeit beschönigen und wisse nicht, daß wir der ständigen Bedrohung, der Aggression, dem Haß, dem Neid und dem unausweichlichen Schicksal des sicheren Todes ausgesetzt sind.

Ich hoffe aber, es wird mir gelingen, Ihnen zu zeigen, wie Sie aus einer deprimierenden Enttäuschung oder aus dem Gefühl der Unsicherheit und Angst zu einer erhellenden Einsicht gelangen, die Sie als befreiende Lösung empfinden. Wir werden dafür nicht den anspruchsvollen Ausdruck »Erleuchtung« verwenden, sondern bezeichnen dieses Umschalten als das, was es eigentlich ist: eine erlebte Einsicht. Wenn Sie plötzlich erkennen und einsehen, daß das, was Ihnen so widersinnig schien oder was Sie geärgert, gequält oder verunsichert und geängstigt oder enttäuscht und deprimiert hat, im Grunde genommen verständlich, folgerichtig und in Ordnung ist, dann erleben Sie die befreiende, beglückende Einsicht, die Ihr Leben wertvoll, sinnvoll und harmonisch macht.

Da ich nicht nur mich selbst ins Lot bringen will, sondern als Psychotherapeut auch anderen dazu verhelfen möchte, ihr Gleichgewicht zu finden, hat mich der Mißerfolg gegenüber einem Freund besonders beschäftigt. Hinterher hab' ich mir überlegt, ob ich ihm in einem Gleichnis besser hätte erklären können, daß es an ihm selbst liegt, ob er in seiner deprimierenden Enttäuschung hängenbleibt oder ob sein persönliches Leben jetzt in dieser Stunde sinnvoll und in Harmonie ist.

Ich hatte Rudolf, einen meiner engsten Schulfreunde, seit vierzig Jahren nicht mehr gesehen und besuchte ihn nun zu Hause, wo er täglich etwa zehn Stunden als Psychotherapeut arbeitet. Zugleich bildet er als Professor der Psychiatrie junge Ärzte aus.

Er fing an: »Ich will dir sagen, wie es mir geht. Ich liebe meine drei Kinder und Enkelkinder, aber ich hasse die Menschen. Wir haben die Atombombe von Hiroshima und Hitlers Vernichtungslager erlebt. Oft habe ich derartige Depressionen, daß ich nachts nicht schlafen kann. Soll ich Menschen wie dich bewundern oder beneiden, die trotz alledem von einer ordnenden Harmonie überzeugt sind? Ich hasse alles.« Ich fragte: »Könntest du etwas hassen, das deinen eigenen Idealen entsprechen würde?«

»Natürlich nicht«, gab er zurück.

Dann fuhr ich fort: »Wir beide wissen, daß Ideale und Realität nicht dasselbe sind. Du bist enttäuscht, weil die Realität so wenig deinen Idealen entspricht. Vergiß nicht, daß Ideale nur Wegweiser, nur Kompaß sein können. Ideale sind Vor-Bilder, also Bilder, die zeigen, daß der Sinn in der Harmonie zum Beispiel in der Liebe und im Verständnis für den Mitmenschen besteht. Ideale sind darum Richtnormen. Sie sind für den Menschen notwendig und sinnweisend. An den Idealen orientieren wir uns, wie wir im realen Falle entscheiden und handeln sollen.«

22

»Mag sein«, sagte er entgegenkommend.

Ich spürte, daß ich ihn nicht überzeugen konnte. Mein Reden erreichte seinen Verstand, aber nicht seine Gefühle. Wie hätte ich mich besser verständlich machen können?

Später, als ich mir das mißglückte Gespräch wieder vergegenwärtigte und mich in der Erinnerung wieder bei ihm zu Hause ratlos auf den Teppich starren sah, fiel mir ein Vergleich ein, den ich das »Teppich-Gleichnis« nennen möchte. Vielleicht hätte es ihm eingeleuchtet. Für mich selbst ist es zu einem fruchtbaren Sinn-Bild geworden.

## Die zwei Aspekte der Wirklichkeit

Der Teppich ist aus Kette und Schuß gewebt. Kette und Schuß, beide sind nötig. Sie gehören wie das Reale und das Ideale zusammen, sonst würde das Gewebe, sonst würde das Ganze auseinanderfallen.

Ich möchte die Kette mit den biologischen Lebensbedürfnissen (Licht, Wärme, Nahrung, Schlaf usw.), also mit den vitalen körperlichen Bedürfnissen, vergleichen. Das ist der eine Aspekt der Wirklichkeit. Dazu gehören unser Profitstreben und all unser zweckhaftes Tun (Landwirtschaft, Verwaltung, industrielle Wirtschaft, Technologien usw.). Mit dem Schuß hingegen wird das farbige Bild gestaltet. Das ist der andere Aspekt der Wirklichkeit. Er umfaßt das Gestalten von Harmonie und das Verstehen der Harmonie. Der Schuß entspräche also dem Sinn und den Idealen, die Wegweiser zu einem sinnvollen Leben sind. Es geht uns immer um diese Harmonie, wenn wir Begriffe wie Ideale, Sinn, Kultur, Geist oder Vernunft und Ordnung brauchen.

Das menschliche Leben ist ein Gewebe aus beiden Wirklichkeitsaspekten, aus Zweck und Sinn, aus Realität und Idealität, aus den Trieb-Bedürfnissen und dem Geist.

Harmonie ist also kein passiver Zustand. Sie ist nicht das, was viele meinen, eine gleichgültige Friedfertigkeit. Harmonie ist, was das entsprechende deutsche Wort »Gefüge« deutlich macht: ein ordnendes Zusammenfügen von Gegensätzlichem. So besteht zum Beispiel die Harmonie eines Bildes im Gefüge von Spannung erzeugenden, gegensätzlichen Formen und Farben, von hell und dunkel, von Vordergrund und Hintergrund usw. Auch die Komposition einer Melodie ist ein harmonisches Zusammenfügen von verschiedenen Tonhöhen, von verschiedenen Lautstärken und unterschiedlichen Geschwindigkeiten.

Ich sehe ein, daß das »Teppich-Gleichnis« nicht eindeutig zeigt, wie verschiedenartig die Zweck-Interessen sein können. Körperliche Bedürfnisse wie zum Beispiel Bewegung, Hunger, Sex, Ruhe, Schlaf können sogar im Widerspruch zur Willensabsicht stehen. Wie oft werden beispielsweise Sympathie oder erotische Wünsche unterdrückt, weil es uns zweckmäßig erscheint! Und wie oft werden umgekehrt sexuelle Kontakte nur deshalb gesucht, um sich die Macht der eigenen Attraktivität zu bestätigen!

Die körperlichen Erfordernisse und das Verhalten stimmen beim Tier meist überein. Beim Menschen hingegen stehen sie oft im Widerspruch. Er weiß, daß er nicht soviel essen, nicht soviel rauchen oder Alkohol trinken sollte, daß er mehr Bewegung oder mehr Entspannung braucht.

Beim Menschen geraten, weil er sich seine eigenen Gedanken machen kann, die körperlichen Bedürfnisse und sein Wille oft in Widerspruch. Darum muß er die Harmonie selber suchen. Wir Menschen brauchen Ideale und den Geist, um zur Harmonie zurückzufinden. Nach der Bibel ist der Mensch aus dem

Paradies verstoßen, seit er »von dem Baum der Erkenntnis des Guten und Bösen« gegessen hat.

## Das Harmoniegesetz im All und in mir

Die Harmonie scheint ebenso das gesetzmäßige Gefüge des Universums als auch der Seele zu sein. Darüber hat Immanuel Kant (1724–1804), einer der größten Philosophen, die je gelebt haben, ein ergreifendes Bekenntnis abgegeben: »Zwei Dinge erfüllen das Gemüt mit immer neuer und zunehmender Bewunderung und Ehrfurcht, je öfter und anhaltender sich das Nachdenken damit beschäftigt: Der bestirnte Himmel über mir und das moralische Gesetz in mir.«

Mit dem »bestirnten Himmel« meint er das All, das Universum. Mit dem »moralischen Gesetz in mir« meint er das Gewissen.

Das Gewissen ist die erlebte Einsicht, daß ich das zu tun habe, was der Harmonie entspricht. Das Gewissen ist daher das erlebte Wissen von dem für uns gültigen Harmoniegesetz. Zuwiderhandeln kann man ihm nur mit einem »schlechten Gewissen.« Dieses wird allerdings häufig verdrängt und verleugnet. Es bleibt aber haften als ständige Unzufriedenheit oder als Gefühl, nicht liebenswert genug zu sein, und ist als »moralisches Gesetz« wirksam.

## Was ist die Seele?

Vor ein paar Monaten erhielt ich einen Telefonanruf. Eine Kinderstimme sagte: »Ich bin Gaby. Ich möchte mit Ihnen ein Interview machen, weil ich in der Schule einen Vortrag über Sie halten will.«

Die zwölfjährige Dame erschien mit Notizblock und vorbereiteten Fragen. Erste Frage: »Sie sind Psychologe. Was ist ein Psychologe?«

Diese Frage ist so selbstverständlich, daß sie nie gestellt wird. Darum fühlte ich mich völlig unvorbereitet. Ich antwortete jedoch: »Der Psychologe versucht zu verstehen, warum jemand bestimmte Gefühle und Gedanken oder Probleme hat. Er beobachtet, wie Menschen miteinander umgehen. Er versucht auch, den Grund zu erkennen, warum sie Schwierigkeiten und Konflikte haben.«

Gaby zeichnete ein Männchen mit einem großen Kreis als Bauch und einem kleineren Kreis als Kopf auf ihren Block. Den Kopf umschwirrten viele Fragezeichen.

Ich ahnte die nächste Frage und fuhr sogleich fort: »Ein Teil dieser Psychologen heißen Psychotherapeuten. Das sind die, welche den Menschen helfen, die Fehler zu erkennen, die sie im Umgang mit anderen machen, damit sie künftig Schwierigkeiten, Hemmungen oder Streit vermeiden können. Das alles setzt aber voraus, daß man in sich selber ganz genau spürt, ob man das Richtige tut.« Gaby setzte ein Ausrufezeichen in den Kopf des Männchens.

Ich war verblüfft über diese einfache, treffende Zeichensprache des Kindes. Der runde Kopf mit dem großen Ausrufezeichen erinnerte mich an einen Drehschalter. »Natürlich«, dachte ich, »sie hat recht: Der Drehschalter ist im eigenen Kopf.« Zugleich fiel mir der Drehschalter des Lautstärkereglers am Radio ein. Dann kam mir der Wärmeregler im Eisschrank in den Sinn. Auch der Zimmerthermostat ist so ein Regulationsschalter. »Gaby, weißt du, was ein Thermostat ist?«

»Ja, zu Hause haben wir einen im Wohnzimmer für die Heizung. In den Schlafzimmern haben wir an jedem Heizkörper einen Thermostaten, um die richtige Temperatur einzustellen.«

»Siehst du, Gaby«, fuhr ich fort. »Die Psyche ist etwas Ähnliches wie ein Thermostat. Die Psyche ist vergleichbar mit sol-

26

chen Reglern. Der Thermostat reguliert den Zufluß der Wärme aus der Heizung. Je nach der Außentemperatur muß die Heizung mehr oder weniger Wärme erzeugen. Die Außentemperatur können wir mit der Umwelt und mit den anderen Menschen vergleichen. Die Heizung entspricht dem eigenen Körper. Die Psyche reguliert den eigenen Körper und die Einflüsse aus der Außenwelt. Was also ist die Seele? Sie ist ein Regulationssystem. Sie sorgt für den Ausgleich und das Gleichgewicht zwischen Körper und Umwelt.

Wenn die Heizung nicht richtig funktioniert, dann kannst du das mit körperlichen Einflüssen vergleichen. Man kann müde oder krank sein. Man kann Schmerzen haben und deshalb überempfindlich sein. Es gibt zum Beispiel eine depressive Krankheit, die keinen äußeren Grund hat. Man nennt sie endogene Depression. Die Ursache liegt in einer körperlichen Störung. Bei manchen Patienten führt eine Stoffwechselstörung zur Überempfindlichkeit und sogar zu Wahnvorstellungen. Diese heißen Halluzinationen. Hast du den Ausdruck schon einmal gehört?«

»Ja, das sagt man, wenn einer spinnt«, antwortete sie mit der Entschiedenheit eines Fachmannes.

»Richtig, diese Patienten erleben wegen einer körperlichen Stoffwechselstörung die Wirklichkeit zum Teil anders als du und ich. Wegen der überreizten Körperempfindungen hören viele von ihnen Stimmen oder sehen Wahngebilde, die sie für die tatsächliche äußere Wirklichkeit halten. Solche Patienten nennt man ›Schizophrene‹ oder ›Geisteskranke‹.«

Gaby unterbrach mich: »Aber eben haben Sie gesagt, bei diesen sei der Körper krank.«

»Ja, das ist tatsächlich so. Der Körper ist krank und nicht der Geist. Beim Vergleich mit dem Thermostaten funktioniert die Heizung nicht richtig. Sie heizt nicht oder überheizt, weil sie nicht mehr abschaltet. Der Thermostat im Wohnzimmer ist daran nicht schuld. Das Regulationssystem ist also in Ordnung. Genauso ist das Regulationssystem des Menschen, das wir die ›Psyche‹ nennen, nicht schuld, nur der Körper ist krank, die Psyche ist in Ordnung.« Gaby malte dem Männchen noch ein Fragezeichen auf den Bauch.

»Aber es gibt doch Leute, die nicht normal sind, die ständig streiten oder sich betrinken. Wir haben einen solchen Nachbarn«, meinte sie, »der schlägt sogar seine Frau.«

»Richtig, Gaby, bei diesen Menschen ist der Thermostat falsch eingestellt. Wenn's draußen frostig und unfreundlich ist, stellen sie ihren Regler auch auf kalt. Wenn's in der Umwelt hitzig und aggressiv zugeht, stellen sie ihren psychischen Regler ebenfalls auf heiß. Diese Menschen verhalten sich geistig falsch. Aber aus Höflichkeit sagt man trotzdem nicht, sie seien geisteskrank, obwohl ihre geistige Haltung krank ist. Man sagt nur, sie seien ›nervös‹ oder sie seien ›neurotisch‹.«

Mit einem Fragezeichen auf dem Bauch für die körperlichen Störungen, mit Fragezeichen um den Kopf für die geistigen Probleme und einem Ausrufezeichen im Kopf des Männchens hat Gaby sich und mir anschaulich gemacht, was wir tun müssen, um das seelische Gleichgewicht zu finden. Und genau das ist das Anliegen dieses Buches, zu erkennen, wie wir uns seelisch regulieren können. Wir wollen lernen, uns so zu steuern, daß wir im Gleichgewicht bleiben oder es so rasch als möglich zurückgewinnen.

Es gibt Menschen, die finden es schnell wieder. Bei kleineren Erschütterungen und Problemen gehen sie spazieren oder lenken sich mit Fernsehen ab. Manche überkommt die Putzwut, andere trinken Alkohol, um die kleinen Ärgernisse und Enttäuschungen zu vergessen. Bei körperlichem Unbehagen nehmen manche Tabletten oder flüchten sich ins Bett. Mit dem Schlaf können sich der Körper und zugleich auch die Konfliktsituation entspannen.

Wenn diese Ablenkungsmanöver aber nicht ausreichen, wenn Ärger und Enttäuschung, wenn Hemmungen, Depressionen oder Angstgefühle uns das Leben schwermachen und den Schlaf stören, dann muß man wissen, was zu tun ist und wie die Psyche funktioniert, dann ist es nützlich, die Funktionspsychologie zu verstehen.

Wer mit dem einfachen Regulationssystem der Psyche vertraut ist, kann viel leichter durchschauen, was er selbst oder ein anderer falsch macht. Wer die Funktion der Psyche kennt, weiß, ob er sich richtig oder falsch steuert. Er findet heraus, wo der Fehler liegt. Er erkennt die Ursache und weiß, was er tun muß, um das notwendige Gleichgewicht, die Zufriedenheit und Lebensfreude wiederzufinden. All das klarzumachen ist die Aufgabe dieses Buches.

Einer meiner letzten Patienten war der 42jährige Industrielle und Computerfachmann Theodor W. Durch seinen Alkoholismus war die Ehe zerstört. Er stand in Scheidung. Seine erfolgreiche Firma litt unter seiner häufigen Abwesenheit. Wenn er getrunken hatte, erschien er zu wichtigen Besprechungen nicht, weil er sich nicht imstande fühlte, zu verhandeln. Kam er am späten Morgen mit Alkoholkopfschmerzen, mit schlechtem Gewissen und mit sich unzufrieden ins Geschäft, benutzte er jede Gelegenheit, um seine Angestellten zu beschuldigen. Seiner eigenen Unzufriedenheit machte er Luft, indem er über die Leistungen der Mitarbeiter unzufrieden war. Das Arbeitsklima und der Geschäftserfolg wurden immer schlechter.

Ein Freund bat mich, einen geeigneten Psychotherapeuten zu suchen. Ein viermonatiger Aufenthalt in einer Spezialklinik für Alkoholiker wäre wegen der Abwesenheit von der Firma unmöglich gewesen. Ich fand einen geeigneten Psychiater und vereinbarte für den Patienten, den ich selber nie gesprochen hatte, einen Behandlungstermin. Aber der Patient erschien nicht. Auch ein zweiter Versuch war erfolglos. Seine Angst und das Gefühl sich zu blamieren war zu groß.

Um beim Patienten die Bereitschaft zu erreichen, sich vom Psychiater behandeln zu lassen, ließ ich ihm mitteilen, daß ich ihn gerne bei mir zu Hause sprechen möchte. Er kam tatsächlich. Die Beziehung zwischen uns war herzlich und aufgeschlossen. Ich sagte ihm, daß ich wegen meiner vielen Reisen keine Therapie durchführen könne, daß ich aber gerne noch ein-, zweimal mit ihm reden würde.

Bei diesen Besuchen sprachen wir darüber, wie er sich fühlt, wenn er abends in die Gastwirtschaft geht. Er erzählte, wie er den ganzen Abend bis tief in die Nacht trinkt und mit den einfachen Handwerkern und Bauern diskutiert. Dann rechnete er aus, wie sich in den vielen Stunden die Schöppchen Wein und die Kaffees mit Schnaps zu einem beträchtlichen Quantum Alkohol summierten. Er sagte, er habe am nächsten Tag oft so starke Kopfschmerzen, daß er morgens noch lange im Bett bleibe.

Ich faßte meine Meinung zusammen: »Sie wissen, daß Sie überdurchschnittlich intelligent sind. Sie gehen nicht wegen des Alkohols in die Wirtschaft, sondern um den einfachen Leuten, die dort sitzen, mit Ihrer Intelligenz zu imponieren. Sie wollen bewundert werden.

Wenn Sie aber Anerkennung und Bestätigung nötig haben, dann müssen Sie entsprechende Leistungen vollbringen oder Gesprächspartner suchen, die beurteilen können, was Sie sagen. Wenn Sie bei solchen Menschen Anerkennung finden, dann hat die Bestätigung für Sie einen Wert.

Aber ist es nicht ein untauglicher Selbstbetrug, wenn Sie Ihre Bewunderer in der Bierwirtschaft suchen?«

Offenbar hat er verstanden, daß er eigentlich nicht wegen des Alkohols ins Wirtshaus geht. Was er sucht, sind Menschen, die ihm zuhören. Zuhörer zu haben, das empfindet er schon als Bestätigung. Für ihn ist – wie für viele andere – Bestätigung ein Ersatz für fehlende Liebe und innere Verbundenheit. Bei seiner sadistischen Mutter, die er jedesmal fröhlich singen hörte, wenn sie den Gartenschlauch holte, um ihn durchzuprügeln, konnte er nicht erfahren, was Liebe ist. Er hat auch später nicht gelernt, anderen Liebe zu geben und Liebe zu empfangen. Weil er mit Liebe nicht umgehen konnte, versuchte er um so mehr durch Überlegenheit, durch imponierende Intelligenz und gewinnende Freundlichkeit akzeptiert und bestätigt

30

zu werden. Wie ein Schauspieler, der zwar Applaus erntet, dafür aber nicht erfährt, was wirkliche Liebe ist, so ist auch er stets mit leerem Herzen aus der Wirtschaft heimgekehrt.

Das Gefühl der lieblosen Leere hat ihn immer wieder zu den Menschen ins Wirtshaus getrieben. Dort hat er Bestätigung und Beliebtheit gesucht. Ihm war bis jetzt nicht bewußt geworden, daß der Wunsch, beliebt und attraktiv zu sein und anderen zu imponieren, das Bedürfnis nach Liebe niemals zu befriedigen vermag.

Theodor W. verstand erstaunlich schnell, warum er sein liebloses Leben so sinnlos empfand, warum er statt einer liebevollen Zugehörigkeit nur Bestätigung suchte, warum die Gastwirtschaft der falsche Ort ist, und warum er zum Alkoholiker wurde, der im Begriff stand, seine Ehe, seine Firma und schließlich sein Leben zu ruinieren.

Schon nach der zweiten Besprechung trank er, wie abgemacht, nur noch beim Essen höchstens drei Zehntel Wein. Als er zur dritten Besprechung erschien, setzte er sich mit verschränkten Armen zurückgelehnt hin. »Ich muß Ihnen etwas gestehen«, fing er an. »Wir hatten auf der Ausstellungsmesse einen starken Streß. Dann sind wir am Abend zusammen in die Gastwirtschaft gegangen. Da habe ich doch wieder mehr getrunken. Es tut mir leid. Bitte entschuldigen Sie.«

»Da bin ich aber wirklich froh, daß das passiert ist«, schoß es aus mir heraus. »Was glauben Sie denn, wer ich sei, daß Sie sich bei mir entschuldigen? Ich bin nicht Ihr Pfarrer. Ich bin auch nicht Ihre Mutter, die Sie tadelt und bestraft. Sie sind ein erwachsener Mensch. Sie können tun und lassen, was Sie wollen. Sie sind mir keine Rechenschaft schuldig. Unsere Gespräche haben einzig und allein den Zweck, daß Sie verstehen, was in Ihnen vorgeht, wenn Sie sich nicht wohl fühlen. Ich bin weder ein Moralprediger noch Ihr Beichtvater.«

Spontan beugte sich Theodor W. mir zu. Gleichzeitig öffneten sich die verschränkten Arme, und in feierlichem Ton kam aus ihm heraus: »Jetzt haben Sie etwas Wichtiges gesagt.«

In diesem Augenblick hatte er begriffen, daß es nicht darauf ankommt, von seiner Mutter oder irgend jemandem getadelt oder bestätigt zu werden. Mit einemmal erkannte er, daß die ganze Verantwortung dafür, was er tut, ob er trinkt oder nicht, und ob er glücklich oder unglücklich ist, bei ihm liegt. In diesem Augenblick hat er die Einsicht erlebt, daß er allein die Ursache dafür ist, ob sein Leben sinnvoll ist oder ob er es zerstört.

Jetzt und zum ersten Mal in seinem Leben wurde ihm klar, daß er sich nicht mit dem Alkohol zerstört, sondern mit seinem Selbstbetrug. Er hatte das Fundament eines sinnvollen Lebens vernichtet: die Selbst-Achtung. Er fühlte sich zu Recht minderwertig. Nicht nur, weil er trank und dabei seine Familie und das Geschäft vernachlässigte, sondern weil er sich Abend für Abend bei seinen Trinkkumpanen eine Selbstbestätigung vorgaukelte, an die er selbst nicht glaubte. So hat er das Wertvollste, das ein Mensch besitzen kann, die Selbstachtung, täglich aufs neue zerstört.

Neben der inneren Freiheit, die der arme Reiche Bert S. nicht besaß, ist die Selbstachtung, die sich Theodor W. zerstört hat, eine notwendige Voraussetzung für das harmonische Gleichgewicht und das sinnerfüllte Leben.

Als mich Theodor W. zum vierten und letzten Male besuchte, sagte er: »Ich habe nichts mehr getrunken.«

Ich wußte, daß die Prognose bei Alkoholikern schlecht ist, darum sagte ich in ehrlicher Überzeugung: »Ich bin überrascht, daß Sie sich so gut steuern. Ihr Erfolg erstaunt mich.«

Nun sprach er die Worte, die mich veranlaßt haben, seine Geschichte zu erzählen: »Das ist nicht verwunderlich. Sie haben mir den Schaltplan erklärt, und ich weiß, was auf dem Spiele steht. Da werde ich mich hüten, den alten Fehler wieder zu machen, selbst wenn ich einmal rückfällig werden sollte. Ich weiß jetzt, was ich tun muß, um wieder ins Lot zu kommen.«

Ich stellte ihm frei, mich künftig zu besuchen, wenn er es für nötig fände. Er kam nicht mehr. Inzwischen hat er wieder geheiratet. Sein Geschäft läuft gut. Betrunken war er seither nicht mehr. Seine Worte, die er als Elektronikfachmann formulierte: »Sie haben mir den Schaltplan erklärt«, zeigen, daß er das Regulationssystem der Psyche verstanden hat. Er begriff, daß er selbst es ist, der seine Situation verursacht und für sein inneres Gleichgewicht verantwortlich ist.

In dem Augenblick, wo uns »die Schuppen von den Augen fallen«, wo das Erlebnis der Einsicht eintritt, wo wir das Heil in der heilenden Harmonie gefunden haben, sind wir zum sinngemäßen Leben zurückgekehrt.

Wenn eine Psychoanalyse zu lange dauert, dann hat sie sehr lange nicht zu dieser erlebten Einsicht geführt.

Wer mit dem Regulationssystem der Psyche vertraut ist, dem wird es leichterfallen, seine Situation zu durchschauen, die nötige Einsicht zu gewinnen, sie zu erleben und Probleme zu lösen.

# Das allzumenschliche Ich oder
# die Kunst, sich nicht mehr zu ärgern

Sie erinnern sich noch an die Männchen-Zeichnung von Gaby. Die körperlichen Bedürfnisse hat sie als Bauch dargestellt, die Willensabsichten und deren Probleme als Fragezeichen, die den Kopf umschwirren. In den Kopf hat Gaby das große Ausrufezeichen gesetzt. Damit ist das Regulationszentrum gemeint, das die Beziehungen zwischen dem Körper und der Umwelt steuert. Hier werden auch die Verbindungen zwischen Gefühlen und Gedanken gesteuert. Richtige Verbindungen schaffen ein sinnvolles Harmonie-Gefüge. Falsche Beziehungen erzeugen Irrtümer und Konflikte. Wie kommen sie zustande? Warum leiden wir Menschen unter so vielen Konflikten?

Eine kluge, junge Frau, eine Juristin, hat sich in ihrer Ehe so sehr geärgert, daß sie daran erkrankt ist. Wegen ihren vielartigen beängstigenden Krankheitssymptomen hat sie eine Vielzahl von Spezialärzten konsultiert. Keiner konnte sie heilen. Der Chiropraktiker und Homöopath, der ihr jetzt anscheinend am besten zu helfen vermag, hat ihr empfohlen: »Fressen Sie den Ärger nicht in sich hinein. Lassen Sie ihn raus.«

Ich wollte ihr einen Schritt weiter helfen und sagte: »Gewiß, wenn Sie sich über jemanden ärgern, dann sollten Sie den Ärger nicht unterdrücken, sondern mit sich und dem anderen die Ursache klären und bereinigen. Besser aber wäre es, sich gar nicht erst zu ärgern.«

»Aber Ärgern ist menschlich«, verteidigte sie sich. »Ja eben, es ist menschlich. Wir sollten unsere menschliche Schwäche aber nicht verteidigen, sondern von den Tieren lernen, was natürlich und auch gesünder ist.« Dann erzählte ich ihr, was ich von den Möwen gelernt habe.

Ich verdanke den Möwen eine meiner wichtigsten Lebenserfahrungen. Sie lehrten mich, daß es völlig unnötig ist, sich zu ärgern oder sich beleidigt zu fühlen.

Wenn ich den Möwen von der Seeterrasse aus Brotbrocken zuwerfe, beginnen sie, in der Luft zu kreisen. Jede versucht, die Beute, noch bevor sie ins Wasser fällt, schon im Flug zu erhaschen. Die Möwen, die dem Brocken am nächsten sind, stürzen sich auf ihn. Aber nur eine erwischt ihn. Die anderen kreisen weiter und warten auf die nächste Gelegenheit. Wenn abermals Brot ins Wasser fällt, schießen wiederum mehrere darauf los. Während die Siegerin mit der Beute entflieht, versucht eine andere, ihr den Brocken laut kreischend abzujagen. Gelingt es ihr, das Brot wegzuschnappen, kehrt die beraubte Möwe sogleich in die Kreisbahn der nach Beute haschenden Vögel zurück.

Mich erstaunt dieser zweckmäßige Realismus. Welcher Mensch würde sich nicht enttäuscht, verärgert, beleidigt, empört oder trotzig verhalten, wenn er um den Erfolg betrogen ist und ihm der Besitz entrissen wird? Menschen würden sich nicht nur betrogen fühlen, sondern empört schimpfen oder sich vielleicht rächen wollen. Diese nutzlosen Selbstbespiegelungen, die mit dem verräterischen Wörtchen »sich« beginnen – sich ärgern, sich beleidigt fühlen, sich empören, sich rächen –, interessieren die Möwe nicht. Was vorbei ist, kümmert sie nicht und ärgert sie nicht.

Sie führt den Kampf sachlich und nicht persönlich. Sie macht ihn nicht zum Konflikt. Wichtig ist ihr nur die nächste Gelegenheit.

Wo sitzt denn beim Menschen der Angelhaken, an dem er hängenbleibt, wenn er sich über einen anderen ärgert oder sich beleidigt fühlt? Das »sich« bedeutet: Ich mich selbst. Ich ärgere mich selbst. Statt »über einen anderen« könnte man auch sagen »auf dem Umweg über einen anderen« oder noch deutlicher »unter Zuhilfenahme eines anderen«. Weil ich selbst mich übergangen und nicht für wichtig genommen fühle, ärgere ich mich selbst. Diese nutzlose und belastende Selbstbespiegelung, dieses egozentrische Ich-mich, kennt die Möwe nicht. Ihr kommt das Ich nicht in die Quere. Wie alle Tiere, lebt und konzentriert sie sich mit höchster Aufmerksamkeit auf die Wirklichkeit des Augenblicks.

Gleiches tun Menschen, wenn sie eine Höchstleistung vollbringen. Der Pianist, der Meisterschütze, der Stabhochspringer, sie alle erreichen ihre Höchstleistung durch die Kunst, sich ganz auf die Aufgabe und ihr Ziel zu konzentrieren. Die vollkommene Hingabe an das Objekt, an die gegenwärtige Aufgabe, an die erlebte Gegenwart gestattet nicht, daß das Ich störend dazwischenkommt.

Sobald ein egozentrisches Ich-mich-Gefühl (ich ärgere mich, ich bewundere mich) die reine Objekt-Beziehung unterbricht, wird die spontane natürliche Harmonie-Beziehung zerstört. Wer sich ärgert, sich schämt, sich bedauert, sich bewundert, kurz: wer sich selbst bespiegelt, verbaut sich den Zugang zur Wirklichkeit. Er ist von sich befangen. Er versetzt sich in das fensterlose Gefängnis seiner Egozentrizität. Dadurch ist er unfähig, die wirkliche Situation aufmerksam wahrzunehmen, richtig zu beurteilen und zweckmäßig zu handeln. Anstelle des sachlichen, objektiven Beurteilens, wie es die Möwe tut, tritt das persönliche, ich-befangene Bewerten: »Das ist phantastisch, großartig!« Oder: »Das ist langweilig«, »blöd«, »häßlich«. Persönliche Bewertungen sagen nichts aus über die Sache, sehr viel aber über die persönliche Haltung.

Von den Möwen habe ich gelernt, meine nutzlosen, belastenden Ich-Gefühle zu beseitigen. Allmählich gelingt es mir auch, mich selbst nicht mehr zu bewerten. Damit hat auch die Angewohnheit aufgehört, andere zu bewerten und zu kritisieren. Um so aufgeschlossener und aufmerksamer kann ich sie wahrnehmen, und um so besser vermag ich sie zu verstehen.

# Die vier normalen Selbstgefühle und der ego-zentrische Teufelskreis

Vorgänge des Ausgleichs, wie zum Beispiel von Wärme und Kälte, von Wucherung und Absterben, sind uns in der Natur bekannt. Auch die menschlichen, die sozialen Beziehungen beruhen auf dem Ausgleich – wie zum Beispiel von Nehmen und Geben in Zweierbeziehungen oder in Familienbeziehungen usw.

Zunächst möchte ich mit Ihnen über jenen Ausgleich sprechen, der für uns bei weitem der wichtigste, doch zugleich auch der gefährlichste ist: über den Ausgleich von gegensätzlichen Gefühlen, um im eigenen Ich ein Gleichgewicht zu erreichen.

Wer sich unsicher fühlt, sei es im Umgang mit dem anderen Geschlecht, bei der Begegnung mit einer wichtigen oder prominenten Persönlichkeit, beim Auftreten vor vielen Menschen, beim Sprechen einer Fremdsprache oder in irgendeiner anderen Situation, kann sich durch Übung und Erfahrung die erwünschte Sicherheit erwerben.

Durch die bessere Beziehung zur Umwelt verliert man die Selbstunsicherheit. Durch bessere Kontakte und Bindungen schwindet die Einsamkeit. Durch bessere Leistungen und mehr Erfolg wächst das Selbstvertrauen.

Wenn wir tun, was erforderlich ist, werden wir mit den Aufgaben und Schwierigkeiten, die das tägliche Leben bietet, meist fertig. Dann finden wir den Weg aus dem Unbehagen und Ärger, aus der Enttäuschung und Verstimmung zum inneren Gleichgewicht zurück.

Unser Ich ist dann wieder im Lot, wenn wir unsere Beziehung zur Umwelt ins Gleichgewicht gebracht haben. Gefährlich wird es aber, wenn unsere Selbstgefühle aus dem Gleichgewicht geraten. Dann spalten sich unsere Ich-Gefühle in unvereinbare Gegensätze, die sich gegenseitig steigern. Dann pendelt das Auf und Ab zum Beispiel zwischen angeberischer Selbstbewunderung und enttäuschtem Selbstbedauern immer stärker und schneller. Der Wechsel von Illusion und Depression, von Anspruch und Angst, beginnt sich im Kreis zu drehen. Damit ist das Ich zu einem zweipoligen Teufelskreis geworden.

Wer in den Strudel eines Teufelskreises gerät, wird ständig wie ein Schwimmer im Wasserwirbel eines Flusses herumgeschleudert. Aus eigener Kraft kann er sich kaum befreien. Das zeigen die ausdruckslosen und resignierten oder harten Gesichter der täglichen Umgebung.

Es ist mir ein besonders wichtiges Anliegen, mit Ihnen ausführlich darüber zu sprechen, wie man das vermeiden kann. Aber aus mehreren Gründen ist dies eine schwierige Aufgabe. Einerseits halten viele Menschen solche Gefühle, durch die man in den Teufelskreis gerät, wie beispielsweise Ehrgeiz, Neid, Haß, Verachtung, demütigen oder ausnützen wollen usw. »für ganz normal«.

Andererseits halten es manche für modern, sich bewußt zum Egoismus zu erziehen, indem sie eine falsch verstandene »Selbstverwirklichung« erstreben. Manche verschlimmern ihre Egozentrizität, indem sie »auf der Suche nach ihrer Identität« eine ungesunde Selbstbespiegelung treiben. Was sie als »Selbsterfahrung« deklarieren, ist bei manchen eine psychologisierende Ich-Sucht.

Weder die modernen Ich-Psychologien (Ich und Über-Ich; Eltern-Ich und Kind-Ich) noch die konfessionellen Morallehren, noch die sozialen Anstandsregeln haben das erreicht, was für uns selbst wichtig ist: daß unser Gewissen dafür feinfühlig

wird, ob wir die Grenze der normalen Selbstgefühle über-
schreiten.

Weil unser inneres Gleichgewicht und unser Wohl davon
abhängen, seien im folgenden die vier normalen Selbstgefühle
beschrieben: die Selbstachtung, die innere Freiheit, die Zufriedenheit und das Selbstvertrauen.

Dabei möchte ich auch zeigen, was geschieht, wenn wir die
normalen Selbstgefühle verlieren, wie sie sich in Gegensätze
spalten und wie die Gegensätze sich gegenseitig antreiben und
schließlich einen Teufelskreis bilden.

## Die Selbstachtung

Theodor W. hat durch seine Nachgiebigkeit gegenüber dem
Alkohol sein normales Selbstgefühl, die Selbstachtung, zerstört. Unter den Trinkkumpanen hat er sich als der Klügste
gerne überschätzt. Als betrunkener Ehemann und als Unternehmer, der wegen Alkohol-Kopfschmerzen morgens im Bett
liegen blieb, hat er sich hingegen verachtet. Vor der unerträglichen Selbstverachtung ist er ins Wirtshaus geflüchtet, um sich
in der Rolle der Überlegenheit überschätzen zu können. So hat
er sich in seinem Teufelskreis von Selbstverachtung zu Selbstüberschätzung immer schneller und immer zwingender zu drehen begonnen. Das normale Selbstgefühl hatte er ganz verloren: die Selbstachtung.

## Die innere Freiheit

Der arme Reiche Bert S., der clevere, fleißige Kaufmann, hat
das normale Selbstgefühl der inneren Freiheit an die zwei Seiten der Unfreiheit preisgegeben: an den Selbstzwang, wenn er
hart arbeitete, um sich durch schlaue Verträge seine Vorteile zu
sichern, aber auch an die Schein-Freiheit, an die Selbstflucht,

wenn er Geschäftsbesprechungen bis in die Nacht ausdehnte, um sich der Familie zu entziehen, oder wenn er morgens mißlaunig rauchend bis in den späten Vormittag umhersaß, um seiner Arbeit auszuweichen. Eigentlich flüchtete er vor der Frage: Warum bin ich jeden Morgen mißlaunig, von was lenke ich mich mit Arbeit ab? Statt dieser Selbstflucht hätte er seine allzu clevere Grundhaltung im privaten wie im geschäftlichen Verhalten bereinigen sollen.

Menschen wie Bert S. und Theodor W. erscheinen der weiteren Umgebung, den Nachbarn oder Arbeitskollegen als »normal«. Vielleicht weiß man noch beiläufig über sie, daß die Ehe schlechtgeht oder daß sie häufig Kopfschmerzen, Magenschmerzen, Verdauungsbeschwerden oder Rückenschmerzen haben oder schlecht schlafen oder »ein bißchen viel trinken« oder »starke Raucher« sind.

Der Blick für die Normalität der Selbstgefühle ist aber deshalb nicht geschärft, weil das echte Gewissen, das Wissen von uns selbst, abgestumpft ist. Dieses Wissen, »das moralische Gesetz in mir«, wie Kant sagt, kann uns nicht von außen eingepflanzt werden, weder durch eine konfessionelle Morallehre noch durch eine gutgemeinte Unterrichtung darüber, was als sozial anständig zu gelten hat, noch durch eine gesellschaftspolitische Ideologie.

Darum versagen die sozialen Ideale des Kommunismus, wenn sie den Menschen von außen aufgezwungen werden und nicht aus eigener, erlebter Einsicht zur inneren Überzeugung geworden sind.

Der Arzt und Philosoph Paul Dahlke (1865–1928) spricht das mit bewundernswerter Klarheit aus: »Jeder wirkliche Zwang für den Menschen geht letzten Grundes nicht von den Dingen, sondern vom Denken aus und ist somit kein äußerer Zwang, sondern ein Selbstzwang. In Wahrheit gezwungen werden kann der Mensch nur, wenn er sich selber zwingt, und das kann er nur, wenn er die Notwendigkeit dessen, wozu er sich zwingen soll, begriffen hat. Woraus sich dann wieder ergibt, daß jeder Fortschritt in der Welt nicht durch Gesetze, Verordnungen oder gar Gewaltmittel, sondern nur durch Belehrung zustande gebracht werden kann. Von jeher hat die Welt nicht der sogenannten großen Männer bedurft, sondern der Lehrer, und von jeher ist für den Denkenden die größte Tat nicht Sieg und Eroberung, nicht Entdeckung und Erfindung gewesen, nicht Meisterung der Welt, sondern Meisterung seiner selbst. Und der einzige wirkliche Weg hierzu ist der: sich selber zu begreifen.«

»Sich selber begreifen« bedeutet, den Grund verstehen, warum ich etwas tue. Es bedeutet, hellhörig zu werden und mit sich ehrlich zu sein, um die wirklichen Motive und die eigentlichen Absichten zu erkennen. Wir sollten uns fragen: Verletze ich meine Selbstachtung bei dem, was ich rede und tue, und fühle ich mich innerlich frei?


## Die Zufriedenheit

Wie man das normale Selbstgefühl der Zufriedenheit verlieren kann, möchte ich Ihnen am Beispiel der 57jährigen Frau Gloria B. zeigen. Ihre Selbstunzufriedenheit hat einen wahrhaft tragischen Teufelskreis ausgelöst.

Bevor ich von Einzelheiten berichte, möchte ich einen Satz wörtlich wiederholen, den sie bei ihrem ersten Besuch gesagt hat: »Ich will Ihnen erzählen, warum ich zu Ihnen komme. Mein Mann ist tot. Ich habe ihn in den Selbstmord getrieben. Er hat meine Nörgeleien nicht mehr ertragen. Er hat sich in der Garage erhängt. Ich bin schuld daran. Was ich gemacht habe, ist Mord.

Jetzt, wo er pensioniert war und wir unser Haus und den schönen Garten hätten genießen können, läßt er mich einfach allein. So eine Gemeinheit! Jetzt läßt er mich einfach sitzen.«

Ich war bestürzt, da ich den bescheidenen, fürsorglichen und rücksichtsvollen Ehegatten aus der Zeit vor zehn Jahren, als ich den Sohn behandelte, noch in angenehmer Erinnerung hatte. Den absurden Widerspruch der Witwe – einerseits ihre Selbstanklage und andererseits die bitteren Vorwürfe gegen ihren Gatten – fand ich makaber komisch.

Sie hat tatsächlich mit ständigen Nörgeleien und mit mehrtägigem trotzigem Schweigen ihren Mann in den Selbstmord getrieben. Neben kleinlichen Spitzfindigkeiten, mit denen sie ihn täglich gedemütigt hat, und neben unberechtigten Eifersüchteleien hat sie ihn auch lange sexuell tyrannisiert. »Ich will keinen Verkehr mit dir, wenn du unrasiert bist.« Ging er sich jedoch vorher rasieren, warf sie ihm dann vor: »Mit einem Mann, der so wenig spontan ist, daß er sich vorher rasieren geht, kann ich keinen Verkehr haben.«

Ihren Sohn, das einzige Kind, hatte sie mit Fürsorglichkeiten tyrannisiert. Er hatte vom sechzehnten Lebensjahr an jedesmal Ohnmachtsanfälle, wenn er den elterlichen Wohnort auf eine Distanz von nur 20 bis 30 Kilometer verließ. Sein Hobbysport war das Fliegen. Es war seine Selbsttherapie zur Befreiung von seiner autoritären Mutter. Als ich bei dem damals 25jährigen Mann erreichen konnte, daß er erstmals und allein eine Reise ins Ausland machte, blieb auffallenderweise der Ohnmachtsanfall aus.

Von welchen Selbstüberwertungen und Selbstunterwertungen war seine Mutter besessen? In welchem egozentrischen Teufelskreis drehte sie sich, daß sie ihren Angehörigen ein so teuflisches Schicksal beschied?

Gloria war das einzige Kind eines wohlhabenden Handwerkmeisters in einer ländlichen Kleinstadt. Der Vater war eine geachtete Persönlichkeit und scheint auf seine hübsche Tochter stolz gewesen zu sein. Offensichtlich hat er sie auch mit Aufmerksamkeiten und kleinen Geschenken verwöhnt.

Gloria hat sich als junge Frau einen gutaussehenden Mann ausgewählt, der zu der damaligen Zeit eine karriereträchtige Stellung bekleidete.

In der darauffolgenden Wirtschaftskrise mußte er in einer

Kleinstadt mit einer untergeordneten Stellung vorliebnehmen. Mit dem kleinen Sohn lebten sie jetzt in einer bescheidenen Wohnung.

Die stolze Gloria konnte den materiellen und sozialen Rückschlag schwer ertragen. Verglichen mit ihrem Vater, empfand sie ihren Mann als Versager. Sie fühlte sich nicht mehr durch Wohlhabenheit gesichert. Ihr fehlte die Geborgenheit bei einem erfolgreichen Mann, wie ihr Vater einer war.

Gloria wurde unzufrieden. Sie entfremdete sich ihrem Gatten, war gereizt, kritisch, nörglerisch und verlor auch das Interesse an der sexuellen Beziehung. Je mehr sie sich innerlich von ihrem Mann durch Kritik distanzierte, desto mehr begann sie, ihren Vater zu idealisieren.

Je mehr sie sich innerlich isolierte, desto leichter fiel es ihr, dem Gatten mit trotzigem Schweigen ihre Verachtung zu zeigen.

Durch Fleiß, Tüchtigkeit und Sparsamkeit konnten sie später wieder ein schönes Haus und einen großen Garten in einer bevorzugten Wohnlage der Stadt erwerben. Beide liebten und pflegten ihren Besitz.

Obwohl der Gatte längst bewiesen hatte, daß er kein beruflicher oder materieller Versager war und der Wohlstand zurückgekehrt war, blieb die Unzufriedenheit und damit die innere Entfremdung, Gereiztheit und Nörgelsucht in ihr fest verankert. Sie tyrannisierte ihren Mann mit Kritik und ihren Sohn mit Verwöhnungen, so daß der Sohn keine entsprechende Beziehung zu einer anderen Frau finden konnte.

Wenn das normale Selbstgefühl der Zufriedenheit zerstört wird, spaltet es sich wie bei Gloria B. in die Selbstunzufriedenheit und in die Selbstbefriedigung.

Die Selbstunzufriedenheit äußert sich gegenüber anderen als innere Distanzierung, als Entfremdung, als Weglaufen-Wollen, als Ruhelosigkeit, als Gereiztheit und Kritiksucht. Das übersteigerte Bedürfnis nach Befriedigung führt zunächst zur Selbstbefriedigung und Selbstverwöhnung. Als Selbstbefriedigung dient vielen die Vorstellung einer idealisierten Liebesbeziehung. Es kann eine längst vergangene oder eine erwünschte künftige sein. Neben der sexuellen Selbstbefriedigung werden dafür alle Quellen der Selbstverwöhnung genutzt. Man ißt zuviel, raucht zuviel, trinkt zuviel Alkohol.

Wenn der Teufelskreis schneller rotiert, steigert sich die Selbstverwöhnung zur Selbstbetäubung. Mag das Schlemmen von Süßigkeiten noch Selbstverwöhnung sein, so gehört doch das Kettenrauchen, der Alkoholismus und die regelmäßige Benutzung von Schlafmitteln oder Drogen bereits zur Selbstbetäubung. Auch Gloria B. hat ihre Selbstunzufriedenheit jahrelang täglich mit Höchstdosen von Tranquilizern zu betäuben versucht.

Wie hätte sie ihre Zufriedenheit finden können?

»Die Zufriedenheit kommt aus dem Inneren« hat kürzlich eine Psychotherapeutin auf ein Merkblatt für ihre Patienten geschrieben. Diese Feststellung ist nicht falsch, aber nutzlos.

Nicht nur die Zufriedenheit, auch der Ehrgeiz, der Neid, die Aggressivität kommen aus dem Inneren.

Wir wollen wissen, was wir zu tun haben, wenn wir die innere Zufriedenheit und das innere Gleichgewicht erreichen möchten.

Was hätte Gloria B. machen müssen?

Sie hätte sich abgewöhnen müssen, immer vom anderen zu erwarten, daß dieser von sich aus das tut, was sie sich gerade wünscht. Sie hätte sich anstrengen sollen, mit Geduld und Verständnisbereitschaft den anderen zu verstehen. Sie hätte sich dazu entschließen müssen, zum Partner gehören zu wollen und sich mit ihm verbunden zu fühlen, statt ihn durch nörglerische Kritik zu demütigen und wegzustoßen. Vor allem hätte sie sich nicht innerlich zurückziehen dürfen und sich dem anderen nicht entfremden sollen.

# Das Selbstvertrauen

Vier Selbstgefühle bilden das Fundament unseres inneren Gleichgewichtes. Zuletzt möchte ich über das Selbstvertrauen sprechen.

Es unterscheidet sich von der Selbstachtung. Die Selbstachtung zerstöre ich, wenn ich mich betrüge. Das Selbstvertrauen hingegen untergrabe ich, wenn ich mir zuwenig oder zuviel zutraue, also wenn ich mich unterfordere oder mich überfordere. Wer sich überfordert, möchte sich gerne als der Stärkste, der Mutigste, als Held, als Star, als der Größte bewundern. Die Selbstüberforderung hat also den Zweck, Selbstbewunderung zu ernten. Natürlich haben es die Selbstbewunderer nötig, auch von anderen bewundert zu werden.

Die Kehrseite der Selbstbewunderung ist das Selbstbedauern. Wem das Selbstvertrauen fehlt, der benötigt, daß ihn die anderen bewundern und dauernd bestätigen. Wer davon abhängig ist, daß er von anderen bewundert wird, verfällt in ein depressives Selbstbedauern, wenn er nicht dauernd Anklang und Bestätigung findet.

Der amüsanteste meiner Patienten war der junge Fritz R. Sein Vater war Polizeipräsident. Fritz war das, was man ein »unreifes Früchtchen« nennt. Zum ersten Mal kam er, vom Vater geschickt, als Sechzehnjähriger zu mir. Er hatte sich, ohne zu fragen, einen VW-Käfer aus der Garage des Nachbarn entliehen, um zu beweisen, daß man eine bestimmte enge Kurve mit einer Geschwindigkeit von 90 Stundenkilometern nehmen kann. Er hatte seine Wette gewonnen und dabei das Vertrauen der Eltern verloren. Ich konnte es notdürftig flicken.

Als er achtzehn war, tauchte Fritz wieder in meinem Sprechzimmer auf. Diesmal kam der Sohn des Polizeipräsidenten, weil er zum Mißvergnügen des Vaters bei seinen Abendspaziergängen eine Luftpistole mitzunehmen pflegte. Fritz liebte nächtliche Straßenzüge mit wenig Menschen und vielen Lampen. Da der Zweck einer Pistole erst erfüllt ist, wenn man auf etwas zielen und schießen kann, und andererseits eine erleuchtete Glühbirne ein gut sichtbares Ziel ist, fand Fritz, es sei durchaus bewundernswert, wenn er mit ein paar wohlgezielten Schüssen eine hellbeleuchtete Straße in die Schwärze der Nacht versinken lasse.

Er erzählte seine Lausbubenstreiche mit solchem Humor, daß mir vor Lachen die Tränen in den Augen standen. Dabei hatte ich das Gefühl, mein herzliches Lachen sei weder pädagogisch noch psychotherapeutisch angebracht. Er schloß seine amüsanten Schilderungen abrupt mit der Frage: »Was sagen Sie jetzt?«

Etwas verlegen schlüpfte ich, so schnell es ging, in meine Rolle des Psychotherapeuten zurück. »Sie sehen ja, ich finde Ihre Geschichten lustig.«

Ohne zu wissen, was ich tat, bezeugte ich ihm damit Bewunderung – und um die ging es ihm ja. Dann ergänzte ich den Satz: »Aber ich glaube, Sie können mit Ihrer Intelligenz noch Größeres leisten als bloß Straßenlaternen abzuknallen.«

Verdutzt schaute er mich ein paar Sekunden an. Die Antwort hatte gezündet. Mit einer hellwachen Entschiedenheit sagte er zu mir und ebenso zu sich selbst: »Das stimmt. Da haben Sie recht.«

Der Teufelskreis war durchbrochen. Ich gab ihm zwar die Bewunderung, die er suchte, aber zugleich wurde ihm bewußt, daß er auch zu einer echten Leistung, die eine echte Bewunderung verdient, fähig wäre.

Die Sprechstunde war zu Ende. Fritz stand auf. Er schaute vom Fenster, neben dem er gesessen hatte, auf die Straße und die dort hängende Straßenlaterne. »Da sieht man auch, wo der Schuß herkommt«, bemerkte er trocken.

»Ja, das ist eben dumm«, begann ich zu erklären. Dabei versuchte ich zu verbergen, wie peinlich es mir war, gerade von ihm ertappt worden zu sein. »Ich habe mir ein Luftgewehr gekauft, weil ich auf dem Jahrmarkt Spaß daran fand, auf

Glühbirnen zu schießen. Nun hat der erste Schuß, den ich abgegeben habe, statt den Blechdeckel den Glasrand der Lampe getroffen. Seither darf ich nicht mehr schießen, sonst wird man sagen, wenn man die beschädigte Lampe sieht, der Psychologe knallt durch die Gegend.«

Er wollte mit meinen Gewissensbissen aufräumen: »Machen Sie sich deswegen keine Sorgen. Heute abend, wenn's dunkel ist, schieß ich die Lampe herunter. Dann wird morgen eine neue oben hängen. Dann können Sie wieder herumknallen.«

Ich spürte, wie sein Eifer neu entfacht wurde. Darum versuchte ich gar nicht erst, ihn psychotherapeutisch zu beeinflussen, sondern beschwor ihn: »Nein, bitte nicht! Schon wegen der Nachbarn, bitte nicht.«

Am Abend läutete Fritz an der Hausglocke. Dann sagte er in die Gegensprechanlage: »Schauen Sie jetzt aus dem Fenster.«

Fritz stand genau unter der Lampe. Dann ging das Licht aus. Fritz verschwand im Dunkel der Nacht. Als ich am nächsten Morgen mit Unbehagen aus dem Fenster schaute, um mir den Schaden zu betrachten, hing oben, wie Fritz es prophezeit hatte, bereits eine neue Lampe.

Selbstbewunderer benutzen jede Gelegenheit, andere zu nekken oder irgendwie zu provozieren. Die schwächsten unter den männlichen Helden halten jede Kellnerin für ein professionelles Opfer. Die Mutigen tun's mit dem traditionellen Klaps auf deren Po. Die wichtigtuerischen Selbstbewunderer finden einen Grund, um sich durch Nörgelei zu profilieren.

Unser Fritz blieb in jungen Jahren lustig und harmlos. Schuhe, die nachts vor den Hotelzimmern standen, pflegte er mit Wasser zu füllen. War er zum Übernachten eingeladen, klebten die Schuhe der Gastgeber morgens am Boden fest.

Als seine Schwester die vom Schnee durchnäßten Wollhandschuhe, die Mütze und das gestrickte Halstuch am nächsten Morgen nicht mehr fand, war Fritz ihr behilflich, sie bretthart gefroren aus der Tiefkühltruhe zu holen.

Als Fritz größer wurde, wuchsen auch seine Eskapaden der Selbstbewunderung. Da er auch eine bedingte Verurteilung nicht ernst nahm, als er wieder eine schlaue Sache gedreht hatte, kam er ins Gefängnis. Hier brach dann die verborgene Kehrseite der Selbstbewunderung durch: das depressive Selbstbedauern. Fritz versuchte, sich schon in den ersten Tagen der Untersuchungshaft zu erhängen.

Als ich ihn kurz darauf besuchte, hatte sich der Teufelskreis längst wieder gedreht. Anstelle des depressiven Selbstbedauerns trat wieder die Selbstbewunderung. Er wollte mir weismachen, daß er mit dem Erhängen nur die anderen erschrecken wollte.

Fritz ist kein Held und kein Star geworden. Er hat keinen Grund, sich zu bewundern. Darum hat er auch keinen, der ihn bedauert. Mit vierzig Jahren hat er dann eine Gastwirtin geheiratet. Die Arbeit macht ihm Spaß. Er ist fleißig und hat inzwischen sein normales Selbstvertrauen gefunden.

## Der egozentrische Teufelskreis

Die Seele ist die Steuerzentrale unseres Gefühlslebens und unseres Lebensschicksals. Solange wir die vier Selbstgefühle Selbstachtung, Selbstvertrauen, Zufriedenheit und innere Freiheit im Gleichgewicht bewahren, ist unser Leben sinnvoll. Äußere Merkmale dieses Glückszustandes sind Freude, Herzlichkeit und Gelingen.

Versuchen wir aber, die vier normalen Selbstgefühle durch die überbewerteten und unterbewerteten zu ersetzen, zwingt uns dieser Selbstbetrug in den egozentrischen Teufelskreis der Selbstvernichtung.

Die normalen Selbstgefühle: Selbstachtung, Selbstvertrauen, Zufriedenheit und innere Freiheit, werden demjenigen nicht bewußt, der sie besitzt. Er weiß nur, daß er zur Umwelt harmonische Beziehungen hat – und darin besteht das harmonische Gleichgewicht.

Das normale Selbstgefühl ist so selbstverständlich wie die normale Verdauung und die Atmung. Darum bleiben sie unbewußt. Auffällig wird erst die Störung. So wie wir erst Verdauungs-, erst Atem- oder Herzbeschwerden beachten, wenn sie auftreten, so werden uns auch erst die Störungen des Selbstgefühls bewußt. Dann machen wir uns ein Bild davon, wie wir uns fühlen: »Ich fühle mich traurig«, »Ich ärgere mich« usw. Mit diesen Ich-Bildern wuchern die Ich-mich-Gefühle. Sie treiben uns in den egozentrischen Teufelskreis. Darum sind Ich-Bilder die Ursache der gestörten Selbstgefühle. Der egozentrische Mensch ist von seinen Ich-Bildern besessen. Durch sie kann er sogar rücksichtslos und grausam werden.

Ein Tier bekämpft seinen Gegner, solange es ihn wahrnimmt, ihn sieht, hört, riecht. Seine Aggression ist defensiv. Der Egozentriker hingegen bekämpft ihn so lange, wie er sich beleidigt und frustriert fühlt. Nicht einmal, wenn er den Gegner vernichtet hat und es ihn überhaupt nicht mehr gibt, ist er gezwungen, sein beleidigtes Ich-Bild, seine Einbildung und sein egozentrisches Wahndenken aufzugeben. Darum ist des Menschen Aggression oft destruktiv.

Tiere töten zwar, Menschen aber können rachsüchtig sein und morden. Haben Mörder eine andere Seele? Oder ist die Seele selbst, ist die Seele an sich, bei jedem Menschen gleichartig? Auch dann, wenn sich der eine gut und der andere schlecht verhält?

Es wäre voreilig, gleich mit Ja oder Nein zu antworten. Es ist nämlich nötig, zu unterscheiden, was die Seele selbst, was sie an sich ist und was andererseits die persönliche Einstellung, also das Ich eines Menschen, ist. Den Unterschied zwischen der Seele selbst und der persönlichen Einstellung möchte ich hier kurz erläutern.

Wer große Strecken fliegt, kennt die Mitteilung: »Our local

49

time is ...« Alle Uhren der Passagiere sind in Ordnung, aber sie müssen jedesmal für die Ortszeit richtig eingestellt werden.

Die Präzisionsuhr möchte ich mit dem Wesen der Seele, um es deutlich zu sagen: mit der Seele selbst, vergleichen. Das jeweilige Einstellen der Uhr auf die aktuelle Ortszeit entspräche der persönlichen Einstellung, also den verschiedenartigen Ich-Haltungen eines Menschen bei bestimmten Situationen. Das Einstellen der Uhr ist genaugenommen die Programmierung der Zeitanzeige. Das Programm sagt dem Computer, welche Befehle er ausführen soll.

Der Computer selbst als Apparat und seine Programmierung sind zwei völlig verschiedene Dinge, ebenso wie das Uhrwerk und die Zeiteinstellung.

Daß auch in der Psychologie in ähnlicher Weise streng unterschieden werden muß zwischen dem, was die Seele selbst ist, und dem, wie sich das Ich einstellt, wie man sich verhält, wird leider meist übersehen.

Es ist wichtig zu wissen: Nur das Ich-Verhalten kann gestört, neurotisch oder kriminell sein, nicht aber die Seele selbst.

Leider formulieren wir oft ungenau, was zum Irrtum führen kann. Wir sagen oft: »Der Computer ist kaputt«, wenn er einen Fehler macht, obwohl wir wissen, daß der Fehler genaugenommen nicht am Computer selbst liegt, sondern an der Programmierung. In gleicher Weise ist die Seele selbst immer gesund und in Ordnung: Sie strebt immer nach dem Gleichgewicht.

Wenn sie aber schlecht programmiert ist, mißlingt es ihr, ein harmonisches Gleichgewicht zur Umwelt zu finden. Dann versucht sie, anstelle des mißlungenen Gleichgewichtes mit der Umwelt wenigstens ein künstliches »Gleichgewicht« im Ich zu erreichen: das Hochspannungs-Gleichgewicht zwischen den beiden gegensätzlichen Ich-Polen – der Selbstüberbewertung und der gleichzeitigen Selbstunterbewertung.

Meist wird aber bald der eine, bald der andere Pol so radikal verleugnet, daß er unbewußt bleibt.

Diese beiden Selbstgefühle stehen in einem andauernden Widerspruch.

Diesem chronischen Konfliktzustand, diesem egozentrischen Teufelskreis um die beiden Ich-Pole, hat man den Namen »Neurose« gegeben.

Wenn die Seele in der Umweltbeziehung kein harmonisches Gleichgewicht finden kann, dann weicht sie auf das Nächstliegende aus, auf das Ich, um ein imaginäres Gleichgewichtsverhältnis zu konstruieren. Dabei spaltet sie das Ich in zwei Pole. Beide sind wie bei einem Magneten genau gleich stark. Als Plus- und Minuspol sind sie aber gegensätzlich. Der Pluspol ist das akzeptierte, bewußte Ich-Bild. Der Minuspol ist das verleugnete und meist unbewußte Gegenbild.

Wer zum Beispiel als »harter Mann« gelten möchte, der verleugnet seine Weichheit und Sentimentalität. Wer genau beobachtet, sieht, daß diese Eigenschaften meist unbewußt ausgelebt werden. Der Cowboy als harter Rodeoreiter singt darum am Lagerfeuer wehmütige Country-Songs.

Die Härte und die Weichheit, diese beiden gegensätzlichen Pole, halten sich mit gleicher Stärke das Gleichgewicht. Beim egozentrischen Ausgleich sind beide Seiten, die Selbstüberbewertung und die Selbstunterbewertung, gleich groß. Darin besteht der egozentrische Widerspruch.

Bei jedem, der die harmonische Beziehung zur Umwelt verliert, sind zwei gegensätzliche Selbstgefühle zu finden. Dem bewußten Ich-Bild steht ein gegensätzliches Bild gegenüber, das verleugnet wird und deshalb meist unbewußt bleibt.

So kann sich einer beispielsweise tief beleidigt oder mißachtet fühlen, ohne daß er es sich eingesteht. Gerade diese Gefühle treiben ihn aber dazu, mit anderen ständig zu rivalisieren. Er will sich über sie erheben, indem er ihnen ihre Unterlegenheit demonstriert und sie demütigt.

Auch Fritz R. hat sich einerseits durch Provokation und

51

Selbstbewunderung bewußt hervorgehoben. Andererseits hat er gleichzeitig Angst gehabt, bei echten Leistungen zu versagen. Er kennt seinen Mangel an Selbstdisziplin und Ausdauer genau. Gleiches gilt für den Unzufriedenen, der in der Selbstbefriedigung, Selbstverwöhnung und Selbstbetäubung seinen egozentrischen Ausgleich sucht, wie der Alkoholiker, der trinkt, um sein Trinkerelend zu vergessen.

Gleiches gilt für den Unfreien, der glaubt, seinem Selbstzwang durch Selbstflucht zu entkommen. Die Selbstflucht betreibt er auch wieder zwanghaft, wenn er wie ein Süchtiger hinter jedem Kreuzworträtsel, hinter jeder Briefmarke, jedem Fußballspiel, hinter seiner täglichen Zeitung oder seiner täglichen Flimmerstunde hinterher ist. Je schneller die beiden gegensätzlichen Selbstgefühle aufeinanderfolgen und wie ein Kreisel immer stärker rotieren, desto unauflöslicher ist der egozentrische Teufelskreis. Wer darin gefangen ist, hat es deshalb schwer, auszubrechen und den Weg zum umweltbezogenen, harmonischen Gleichgewicht zu finden.

In ihrer Egozentrizität rotierende Menschen nennt man »Neurotiker«. Der Neurotiker bezieht alles (Sex, Besitz, Prestige) in sein egozentrisches Ausgleichsbedürfnis mit ein. Für den egozentrischen Ausgleich benötigt er einen anderen als Mitspieler. Dieser andere muß das Selbstgefühl verkörpern, das der Neurotiker nicht bewußt auslebt, aber als Gegengewicht nötig hat.

Was er an sich selbst verleugnet, lastet er dem anderen an. Statt die Schuld bei sich selbst zu erkennen, sucht er sie beim anderen und übertreibt den Fehler, den er zu finden glaubt.

Genau das meint der bekannte Bibelvers (Matthäus 7. Vers 3): »Was siehest du aber den Splitter in deines Bruders Auge und wirst nicht gewahr den Balken in deinem Auge.«

Ist der Neurotiker sadistisch, braucht er einen anderen, der die unbewußte masochistische Seite des Sadisten verkörpert.

Umgekehrt genießt auch der unterwürfige Masochist die sadistische Seite in sich, während er die Handlungen des Sadisten erlebt. Darum benötigt er den Sadisten als Mitspieler.

Der Autoritäre verleugnet seine Unsicherheit und Beeinflußbarkeit. Darum braucht er einen anderen, der sich beeinflussen läßt und der sich anpaßt. Genauso braucht der Anpasser für sein Sicherheits- und Geborgenheitsbedürfnis einen Autoritären, an den er sich anklammern kann.

Der Idealist Don Quichote ergänzt sich selbst im Realisten Sancho Pansa. Faust ist nicht nur Wahrheitssucher und Theoretiker, sondern durch Mephisto auch der sinnenfreudige Verführer. Darum müssen wir bei Gegensätzen und konfliktbeladenen Beziehungen verstehen lernen,

1. daß die beiden gegensätzlichen Interessen im einzelnen Menschen selber als »innerer« Widerspruch bestehen;
2. daß sich diese gegensätzlichen Interessen ergänzen, um einen egozentrischen Ausgleich herzustellen;
3. daß die bewußt gelebte Seite die Gegenseite verachtet und verleugnet und diese daher unbewußt bleibt;
4. daß die unbewußte Seite einem anderen aufgenötigt wird, der diese Rolle gern oder ungern verkörpern soll.


## Egozentrieren und Objektivieren oder die Kunst, sich weise zu verhalten

Es ist fruchtbar zu wissen, daß uns Gegensätze nicht mehr als Probleme und Konflikte erscheinen, wenn wir gelernt haben, sie im Zusammenhang zu sehen, und wenn wir die Gegensätze als Ergänzung verstehen. Wer das erkennt, den ärgern gegensätzliche Meinungen und Standpunkte nicht, und er leidet nicht mehr unter ihnen.

Je besser wir erkennen, wie sich die gegensätzlichen Pole wie bei einem Magneten zur Ganzheit ergänzen, desto richtiger verstehen wir, was sich in uns selbst oder was sich in einem anderen abspielt. Dieser Satz liest sich so leicht, und es mag scheinen, es seien schöne Worte, die sich doch nicht praktizieren lassen. Darum möchte ich ihn mit einigen Beispielen erläutern.

Mein Vetter Hans L. war 24 Jahre alt, als er Soldat bei der Schweizer Infanterie war. Die mühseligen Fußmärsche, mit der diese Truppe ihre Kriegstüchtigkeit trainiert, gehören zum Leid, das den Wehrmann auf der Landstraße bedrückt, und zum Stolz, der ihn am Familientisch erfüllt.

Es war wieder einmal soweit, daß der Kommandant der Kompanie am Abend beim Hauptverlesen einen 50-Kilometer-Nachtmarsch ankündigte, der, wie man weiß, mit Alarm irgendwann nach dem Zubettgehen seinen Anfang nimmt. Der Kommandant hatte mit eindringlichen Worten seine Rekruten zu vollem Einsatz, zu männlichem Durchstehvermögen und schweizerischem »Auf-die-Zähne-Beißen« aufgefordert. Jeder, auch der Letzte und Schwächste, müsse jetzt seinen Mann stehen und zeigen, was ein echter Infanterist sei. Kurz, die ganze Kompanie, vom Offizier bis zur Küchenmannschaft, werde mitmarschieren.

Nach dem metallhart geschrienen Befehl »Kompanie abtreten« schritt mein Vetter Hans zum Herrn Kommandanten und übergab ihm ein Schreiben, worin zu lesen stand, daß er nach Meinung des Doktors keine Fußmärsche machen sollte – der Platt- und Spreizfüße wegen.

Der Herr Kommandant las und holte tief Luft. Dann prasselten laute und harte Worte auf den Vetter nieder. Es war von soldatischer Härte und von Drückebergerei die Rede. Gleich gesellte sich eine Schar neugieriger Kameraden zu dem Zwiegespräch, das ausschließlich der Kommandant führte. »Der langen Worte kurzer Sinn« des mächtigen Kommandanten war: Er wollte, daß jeder seinen Marschbefehl ausführt. Doch gerade damit fühlte er sich gegenüber meinem Vetter Hans machtlos.

Schließlich hielt er mit seiner Beschimpfung inne und blickte seinen »Plattfuß-Infanteristen« vernichtend an. Dieser wußte, was schwarz auf weiß geschrieben stand, und hatte dem nichts hinzuzufügen. Darum schaute er mit schweigender Teilnahme dem Toben des machtlosen Vorgesetzten zu. Gerade das nahm dem Kommandanten die letzte Selbstbeherrschung. Jetzt sprach unverhüllt das aus ihm, was in ihm war. Wutentbrannt schrie er: »Schauen Sie mich nicht so an, wie wenn Sie sagen wollten: Sie hilfloser Wichtigtuer.«

Ob meines Vetters Augen so genaue Diagnosen stellen können, weiß ich nicht; sicher aber sind das genau die beiden Pole, zwischen denen das egozentrische Gleichgewicht des Herrn Kommandanten hin- und herpendelte: zwischen Wichtigtuerei und machtloser Hilflosigkeit.

Der Dialog des Kommandanten war in Wahrheit nicht einmal ein Monolog, sondern ein Selbstgespräch.

Sie werden es richtig vermuten: Er wirft dem anderen das vor, was er heimlich von sich selbst denkt.

Um diese wichtige Einsicht zu vertiefen, möchte ich wiederholen: Das Selbstgefühl des Egozentrikers spaltet sich in zwei gegensätzliche Pole. Beide sind wie bei einem Magneten genau gleich stark.

Der eine Pol entspricht dem Ich-Gefühl, das man von sich hat und auch bewußt darstellen will. Beim Kommandanten war es die soldatische Selbstdisziplin und der ehrgeizige Selbstzwang.

Der andere Pol, der heimliche Gegenpol, ist bei ihm die Angst, diesem überhöhten Anspruch nicht gewachsen zu sein. Sie bewirkt die Selbstflucht, das Ausweichen, das Sich-der-Leistung-Entziehen. Aber dieses Bedürfnis bekämpft er. Darum bleibt der Gegenpol meist unbewußt. Er darf nicht wahr sein, darum verleugnet er ihn.

Der Egozentriker ist von dem, was er bei sich verleugnet

oder dauernd an sich bekämpft, so stark befangen, daß er genau dasselbe auch vom anderen denkt. Damit unterstellt er dem anderen, er sei gerade so, wie er sich selbst auf keinen Fall sehen möchte. Darum bildet er sich ein, der andere sei das genaue Gegenteil von ihm. Das ist der Grund, warum Egozentriker nicht objektiv und sachlich urteilen. Sie werfen dem anderen genau das vor, was sie bei sich selbst verleugnen.

Es ist wichtig, in all den verschiedenartigen Fällen klar zu erkennen:

1. Der Egozentriker projiziert immer diejenige Eigenschaft, von der er findet, daß sie zu ihm selbst nicht paßt, auf einen anderen.

2. Weil sie zu seinem Ich-Bild im Widerspruch steht, darum verleugnet er sie nicht nur, sondern sie darf ihm auch nicht bewußt werden.

Ich habe mir aus diesen Gründen eine einfache Regel angewöhnt, die ich Ihnen gerne zum Überdenken gebe. Wenn jemand ein offensichtlich falsches, unsachliches, übertriebenes Urteil über einen anderen abgibt, beispielsweise »Der ist doch ein Geizhals« oder »Der ist ein großer Angeber« oder »Dem kann man überhaupt nicht trauen« usw., dann denke ich, daß seine egozentrische Beurteilung gerade die Eigenschaft beschreibt, die er selbst besitzt, aber vor sich verleugnet. Darum ergänze ich all diese Aussagen mit den drei Wörtern »wie ich selbst«. Dann lautet die vollständige Information: »Der ist ein Geizhals wie ich selbst« oder »Der ist ein großer Angeber wie ich selbst« oder »Dem kann man überhaupt nicht trauen wie mir selbst« usw.

Nicht selten treffen wir auf autoritäre Menschen, die sich aggressiv oder arrogant überheblich verhalten, so manche Eltern gegenüber ihren Kindern, manche Vorgesetzte gegenüber ihren Mitarbeitern oder manche gegenüber ihrem Ehepartner. Sie machen dem anderen gerne Vorwürfe.

Weil das autoritäre Verhalten so häufig vorkommt, lohnt es sich, daß wir es funktionspsychologisch zu verstehen lernen.

56

Die Frage, die wir dabei lösen müssen, heißt immer: Was ist der verborgene Gegenpol zu dem auffällig autoritären, anmaßend selbstherrlichen Verhalten? Was will der autoritäre Egozentriker in sich bekämpfen und verleugnen, weil es seinem Ich-Bild widerspricht?

Geben Sie sich die Antwort selber, bevor Sie weiterlesen ... Der Autoritäre hat Angst vor seiner Beeinflußbarkeit. Gegen seine Beeinflußbarkeit und Abhängigkeit will er sich mit autoritärer Härte behaupten. Darum, nur darum verhält er sich autoritär und aggressiv oder arrogant.

Solange wir uns innerlich frei und selbständig fühlen, können wir Anregungen aufnehmen. Wir können frei entscheiden, ob wir sie bejahen oder verneinen wollen. Das ist beim autoritären Egozentriker anders. Ihm geht es nicht um ein sachlich-objektives Urteil. Ihm geht es um die Verteidigung seines Ich-Bildes. Darum fühlt er sich durch die Meinung der anderen und in jeder Situation, in der es nicht nach seinem Kopf geht, bedroht. Weil Beeinflußbarkeit dem autoritären Ich-Bild widerspricht, wird sie bei sich selbst verleugnet und dem anderen als Rolle aufgezwungen, der dann diejenige des Beeinflußbaren übernehmen muß. Wenn dieser sich dagegen nicht wehren kann, wird er zum Anpasser. Ein Autoritärer und ein Anpasser bilden eine Partnerbeziehung. Man kann sie bei Ehepaaren, unter Geschwistern, in vielen Zweierbeziehungen unter Befreundeten und in Anstellungsverhältnissen beobachten.

Dadurch, daß der Anpasser mitspielt, fällt es dem Autoritären leichter, den egozentrischen Ausgleich zu finden. Wer sich aus Profitsucht, aus Sex-, Geld- oder Prestigevorteilen in den Teufelskreis der angepaßten Abhängigkeit einbeziehen läßt, geht an ihr zugrunde. Wer sich dem Profit zuliebe selbst abhängig macht und wer zum Beispiel als Erzieher, als Vorgesetzter oder als Ehepartner einen anderen durch autoritäres Verhalten abhängig macht, treibt nach den Worten des großen Weisen *Krishnamurti* »Korruption«, denn er zerstört die Selbstachtung.

57

Die echte Selbstachtung gehört zu den normalen Selbstgefühlen. Sie werden, wie wir bereits festgestellt haben, »demjenigen, der sie besitzt, nicht bewußt«.

Darum fällt mir auf, daß Menschen, die über ihre Selbstachtung sprechen, meist nur ihr stolzes Ich-Bild meinen. Das erinnert mich an jene vierzigjährige, repräsentative Sekretärin, die sich in ihrer Selbstachtung verletzt gefühlt hat, weil ihr Chef sie offensichtlich anlügt.

Sie erwägt, ob sie deswegen ihre in jeder Hinsicht privilegierte Stellung kündigen soll.

Ich erkundigte mich, worin die Lügen bestehen. Sie nannte mir das jüngste Beispiel: »Gestern nachmittag sagte er, er gehe nach Hause, damit er dort ungestört an den unangenehmen, schwierigen Vorbereitungen für die Generalversammlung arbeiten könne. Er wünsche deshalb auch keine Telefonanrufe. Ich mußte aber feststellen, daß er mich angelogen hatte, denn in Wirklichkeit ist er zuerst Tennis spielen und nachher schwimmen gegangen.«

Trifft auch hier meine Behauptung zu, daß Probleme und Konflikte solche Situationen sind, die wir nicht im Zusammenhang und nicht als Ergänzung verstehen? Daß sich Sadist und Masochist, der Autoritäre und der Anpasser ergänzen, ist offensichtlich. Wo aber besteht die Ergänzung bei dem lügnerischen Chef?

In ihm selbst. Er lügt seinetwegen: Wenn er den unangenehmen Vorbereitungen der Generalversammlung ausweichen will, geht er Tennis spielen und schwimmen. Darin besteht seine Selbstflucht. Darum lügt er.

Die Sekretärin hat die Lüge aber auf sich bezogen. Sie fühlte sich deswegen beleidigt. Das ist ihre eigene egozentrisch falsche Sicht.

In Wirklichkeit muß der Chef seine beschämende Selbstflucht verleugnen, weil sie zu seinem ehrgeizigen Selbstzwang im Widerspruch steht. Er lügt wegen sich selbst.

Wenn wir Probleme egozentrieren, dann lösen wir sie nicht,

sondern machen das Problem zum Konflikt. Alles, was unangenehm ist, wie eine Aggression, eine Demütigung, eine Schmeichelei oder eine Lüge, dürfen wir nicht egozentrisch auf uns beziehen. Wir müssen lernen, in solchen Situationen, wo wir uns betroffen, verärgert oder verletzt fühlen, unsere Sicht umzupolen. Umpolen bedeutet, daß wir den Konflikt nicht egozentrieren, sondern ihn objektivieren. Das setzt die Erkenntnis voraus, daß sich im Objekt selbst die beiden Gegensatzpole wie bei einem Magneten als Spannungsfeld ergänzen. Beide zusammen bilden den egozentrischen Ausgleich.

Wer seine egozentrische Sicht umpolen und objektivieren kann, ärgert sich nicht und ist nicht enttäuscht. Weil er die Situation sieht, wie sie wirklich ist, hat sich das Problem gelöst. Er ist vom Konflikt erlöst. Dann urteilt er objektiv und verhält sich weise.

Schlimm hingegen ist es, wenn wir Probleme, statt sie umzupolen und zu objektivieren, immer stärker egozentrieren, wenn wir uns in unsere Ich-Gefühle verbohren und uns mit unseren Grübeleien im Kreise drehen.

Gedanken oder Äußerungen wie »So eine Gemeinheit«, »Das lass' ich mir nicht bieten«, »Das hab' ich nicht nötig«, »Dem werd' ich's zeigen«, »Die werden Augen machen«, »Diese Idioten« sind Alarmsignale, die uns warnen sollten, daß wir uns bereits im egozentrischen Teufelskreis drehen.

Das geschieht, wenn wir nicht umpolen und nicht objektivieren, sondern jede Aufmerksamkeit oder Mißlaune eines anderen, das Regenwetter und die Tischkante, gegen die wir gestoßen sind, egozentrieren. Das geschieht, wenn wir alles mit Ich-mich-Gefühlen bewerten: »Das ewige Regenwetter geht mir auf die Nerven«, »Diese blöde Tischkante regt mich auf«, »Wirklich, eine Zumutung, wie der mich behandelt«, »Dem seine miese Laune macht mich langsam krank« oder »Ich Esel«, »Ich bin doch blöd«, oder wenn wir mit abwinkender Handbewegung unsere Geringschätzung ausdrücken, uns selbst dabei aber weit erhaben fühlen.

Es kann auch sein, daß der Pol unseres Ich-Bildes unterbewertet ist und uns deprimiert. Dann wird das Ich-Bild als Gefühl der Minderwertigkeit, der Bedeutungslosigkeit, der Selbstunsicherheit oder der eigenen Schwäche, Ohnmacht und Hilflosigkeit erlebt.

Wenn der Pol des bewußten Ich-Bildes so negativ ist, dann müssen wir den uneingestandenen, verleugneten und unbewußten Gegenpol dazu finden.

Wer sich minderwertig und bedeutungslos fühlt, dessen Gegenpol ist ein übersteigertes Geltungsbedürfnis. Weil sein bewußtes Ich-Bild diesen überhöhten Geltungsanspruch nicht erfüllt, sucht er einen anderen, den er bewundern und idealisieren kann. Er schwärmt und verherrlicht denjenigen oder dasjenige, was er selber gerne wäre. Deshalb ist es verständlich, daß junge Menschen, die sich für bedeutungslos halten als enthusiastische Fans ihren Star haben, für den sie schwärmen.

Wer sein Idol, seinen Führer oder eine imponierende, charismatische Persönlichkeit gefunden hat oder solche »Übertragungen« auf seinen Psychotherapeuten macht, verfestigt damit den egozentrischen Ausgleich. Das ist der Grund, warum ideologische Idole eine solch beängstigende Gewalt haben – Geschichte und Gegenwart sind reich an solchen Beispielen.

Mit solchen überbewerteten oder unterbewerteten Ich-mich-Gefühlen drehen wir uns im egozentrischen Teufelskreis. Wir stecken im »fensterlosen Gefängnis« unserer Egozentrizität. Der Weg zum wirklichen Leben, zur echten Selbstverwirklichung, ist vermauert. Solche Menschen spüren, daß sie nie wirklich reif und erwachsen geworden sind. Sie hängen mit ihren Tagträumen den Illusionen nach. Sie meinen: »Das richtige Leben steht mir noch bevor, das bisherige kann es nicht gewesen sein.« Das sind die Worte, die mir eine der schönsten Frauen unter den beliebtesten Filmstars Deutschlands im Alter von 42 Jahren in einem sehr ehrlichen Gespräch gesagt hat.

Der Egozentriker reduziert das ganze Leben, die ganze Umwelt, die Mitmenschen, die Liebesbeziehung und Partnerschaft, den Beruf und die Interessen auf sein Rollenspiel mit einem anderen. Das hat er nötig, um wenigstens darin seinen egozentrischen Ausgleich zu finden.

Der Egozentriker verfolgt mit allem einen Zweck, der ihm nutzt. Das trifft zu, wenn er den anderen Menschen vor allem als Sexualpartner benutzt oder wenn er seinem Streben nach Profit dient oder wenn er andere nur benutzt, um in seinen Zielen voranzukommen, oder wenn das eigentliche Interesse am anderen nur darin besteht, daß er von ihm bestätigt oder gar bewundert wird: »Wie hübsch du wieder aussiehst!«, »So gut wie du kann das keiner!« Das gilt aber auch, wenn er den anderen nur dazu benutzt, daß er ihn von der inneren Einsamkeit oder von der initiativlosen Langweiligkeit ablenken soll, so wie man ständig den Fernsehapparat laufen läßt oder die Boulevardzeitung durchstöbert. Wer bei sich selbst entdeckt, wie oft er sich nur aus einer Profithaltung für den anderen interessiert, der ahnt, wieviel Zeit seines Lebens er schon eingemauert in dem »fensterlosen Gefängnis« seiner Egozentrizität verbracht hat. Wer sich dieser Enge bewußt wird, wem seine Egozentrizität damit zu einer zutiefst erlebten Einsicht wird, dem mag es ähnlich wie mir gehen: Mich überkommt zugleich mit dieser Einsicht ein kaltes Schaudern. Ich ahne, daß ich einen großen Teil meines Lebens meinem Ich-Bild geopfert habe, teils auf den verborgenen Schleichwegen des Ehrgeizes und teils durch die Barrikaden der Gehemmtheit.

Wem die egozentrische Enge nicht bewußt wird, den packt sie unbewußt: Sie macht ihm Angst.

Die Angst kann sich tausendfach äußern, entweder als Angst vor Enge, zum Beispiel in geschlossenen Räumen wie Kino, Lift, Tunnel, oder als Angst vor Weite und Verlorenheit, zum Beispiel auf Straßen und Plätzen, beim Eintreten in ein Restaurant, beim Sprechen zu vielen Menschen, in unvertrauten Situationen, im Dunkeln, oder als Angst vor der Einsamkeit und vor dem Sterben. Jede dieser Ängste ist für den, der sie nicht erlebt hat, nur ein Wort, für den Betroffenen aber bedeutet sie die Welt, die er als tägliche Folter erlebt.

Die Ängste, die der egozentrische Teufelskreis auslöst, sind nicht nur vielfältig, sondern sie werden zudem bald bewußt als Angst erlebt, bald weniger bewußt als Depression empfunden. Sie können aber auch ganz unbewußt sein und sich als psychosomatische Störung (wie Kopf- oder Rückenschmerzen, Hals-, Magen-, Galle-, Darmbeschwerden, Schlafstörungen usw.) äußern oder zu Süchten wie zuviel rauchen, essen, trinken und Drogensucht führen.

Ängste und übersteigerte Ansprüche, Depressionen und Illusionen, psychosomatische Beschwerden und Ersatzhandlungen – sie alle sind eindeutige Merkmale für den Teufelskreis eines egozentrischen Widerspruchs.

# Die vier Wege zum harmonischen Gleichgewicht oder die vier der Harmonie-Ideale

Ängste und Depressionen sind Alarmzeichen. Sie melden, daß wir in einem egozentrischen Teufelskreis gefangen sind, aus dem wir den Ausweg, den Weg zum harmonischen Gleichgewicht mit der Umwelt, finden müssen.

Umgekehrt sind Aufgeschlossenheit, Interessiertheit, Heiterkeit und Freude die Merkmale des harmonischen, umweltbezogenen Gleichgewichts.

Wer seine egozentrischen Bewertungen fallenläßt, wer umpolen kann und objektiviert, findet das harmonische Gleichgewicht mit der Welt.

Diese Umkehr aus der egozentrischen, ängstigenden Isoliertheit in die Vereinigung mit der Welt kann man als re-ligio, als Wieder-Vereinigung oder als »Rückverbindung«, als Heil und Heilung bezeichnen.

Die Freude, die wir bei einer umweltbezogenen Harmonie erleben, drücken wir mit alltäglichen Worten aus wie »schön«, »gut«, »richtig«, »stimmt«.

Wer in allen wichtigen Beziehungen, also in verschiedenen Lebensbereichen oder »Ebenen«, das harmonische Gleichgewicht findet, lebt in der Glückseligkeit, in demjenigen Himmel, der keine Illusion ist: im Himmel auf Erden.

Vier verschiedenartige Wege führen dazu, die Wirklichkeit als Harmoniegefüge zu erkennen. Mit jedem der vier Wege eröffnet sich uns ein anderer Lebensbereich. Weil Ideale die Wegweiser zur Harmonie sind, möchte ich Ihnen die vier Harmonie-Ideale erläutern, die uns zum Sinnverständnis hinführen.

# Das logische Sinn-Verständnis

Pflanzen leben, ohne zu erleben. Tiere leben und erleben. Wir Menschen jedoch haben die Fähigkeit, logisch denken zu können.

Inwiefern führt uns das logische Denken zum harmonischen Sinnverständnis, zur Einsicht und Wahrheit?

Zunächst schützt es uns vor den Papageien-Wahrheiten. Papageien-Wahrheiten sind keine selbsterlebten Einsichten, sondern solche Meinungen, die der eine vom andern übernimmt, die er aber dennoch als Wahrheit verkündet – der Lehrer von seinem Lehrer, der Politiker von seiner Partei, der Theologe von einem konfessionellen Dogma.

Wahr ist, was wir so beurteilen, wie es wirklich ist: den roten Fleck am Hemdkragen als Blut und nicht fälschlich als Lippenstift. Aber genügt es, wenn wir etwas wahrnehmen (z. B. hier ist ein roter Fleck) und es mit dem richtigen Begriff benennen (z. B. das ist Blut)? Oder bedeutet Wahrheit, daß auch der logische Sinnzusammenhang stimmen muß?

Gewiß; darum wirken widersinnige, sich widersprechende Äußerungen im höchsten Maße irritierend.

Wie unwahr, wie widersprüchlich und irreführend ist doch eine Bemerkung wie: »Also, lieber Schatz, ich hab's nun endgültig satt.« Die zärtliche Anrede »Also, lieber Schatz« steht in keinem Sinnzusammenhang mit dem nachfolgenden, empörten Vorwurf: »Ich hab's nun endgültig satt.«

Es lohnt sich, genau hinzuhören. Nicht selten stehen die Worte und der Tonfall, wie etwas gesagt wird, in einem auffallenden Widerspruch. »Also, lieber Schatz« kann so messerscharf unter den Zähnen hervorgepreßt werden, daß diese zärtliche Anrede äußerst kratzbürstig klingt.

Auch zwischen den Worten und der Geste kann der Gegensatz so groß sein, daß kein Sinnzusammenhang mehr besteht. Eindrücklich ist mir ein solcher Widerspruch zwischen den

Worten und der Körperhaltung in Erinnerung geblieben, weil ich mich geärgert hatte. Aus dem Ausland hatte ich eine Freundin angerufen und gefragt, ob sie mich am Flughafen abholen werde. »Ja, gern, ich freue mich, daß du kommst«, war ihre Antwort. Als sie mich aus dem Flughafen kommen sah, blieb sie, mit verschränkten Armen an ihr Auto gelehnt, stehen. Der rechte Fuß kreuzte das Standbein und war abwartend auf die Zehenspitzen gestellt. Ich empfand diese Haltung als Ausdruck gelangweilter Gleichgültigkeit. Ich wäre nach der langen Reise gerne mit Freude und offenen Armen empfangen worden.

Ausgesprochen komisch wirken Wahrheiten, wenn sie nicht in den logischen Sinnzusammenhang passen.

Es klingt wie ein Witz, hat sich aber tatsächlich vor längerer Zeit in unserer Stadt bei der Rekrutenaushebung so zugetragen. Auf einer Wand war die Landkarte aufgemalt, aber die Städtenamen waren absichtlich weggelassen. Der Prüfungsoffizier zeigte auf einen roten Punkt, der die Hauptstadt markierte, und fragte den ersten Mann in der vordersten Reihe: »Was ist das?«

Überzeugt, den Nagel auf den Kopf getroffen zu haben, verkündete der angehende Wehrmann: »Ölfarbe! Herr Hauptmann.« Alle schrien vor Lachen. Fortan, sein Leben lang, hieß er nun »der Ölfarb«.

Aber warum war diese Wahrheit zum Lachen? Weil jeder erwartet, daß »Ölfarb« den Namen der Hauptstadt nennt. Seine an sich richtige Feststellung »Ölfarbe« hingegen entsprach dem allgemein erwarteten Sinn-Zusammenhang nicht.

Auch Galileis Wahrheit paßte nicht in den Sinn-Zusammenhang, denn damals galt die Erde als Mittelpunkt der göttlichen Schöpfung. Seine Wahrheit widersprach dem Sinn-Zusammenhang des damaligen Glaubens.

Wie oft erkennen wir einen bestimmten Sinn-Zusammenhang und zögern, diese Wahrheit auszusprechen. Wir wissen, daß wir uns damit der Feindschaft und Aggression des anderen aussetzen.

Gerade umgekehrt sprechen manche Menschen Halb-Wahrheiten aus, um die sinn-gemäße Wahrheit zu verbergen.

Wer seiner Frau sagt, er sei am Abend im Café gewesen, ihr aber verschweigt, daß er anschließend mit einer andern ins Bett ging, benützt die dem Sinn-Zusammenhang widersprechende Halb-Wahrheit, um zu lügen. Diese Halb-Wahrheiten können auch als Waffe zur Verteidigung oder zur Selbstbehauptung benützt werden.

Diese Taktik hat jenes bildhübsche zwanzigjährige Fotomodell angewandt, das von ihrem Mann und mir am Bahnhof abgeholt wurde. Kurz nach der Begrüßung eröffnete sie ihm: »Übrigens habe ich gestern mit Fritz geschlafen. Er hat mich gut bezahlt.« Darauf der Ehemann: »Du weißt doch, daß ich das nicht gern habe.« Selbstbewußt und schroff gab sie zurück: »Du sagst, ich soll dir die Wahrheit sagen. Wenn du sie hörst, fängst du an zu meckern. Also, willst du, daß ich die Wahrheit sage? Ja oder nein?«

Etwas verwirrt gab der Mann klein bei: »Ja, doch, natürlich.« Dann schwieg er. Er spürte es wohl, konnte aber nicht begründen, weshalb diese freche Halb-Wahrheit dem Sinn-Zusammenhang einer Ehe widerspricht.

Wahrheit ist nicht bloß das Feststellen einer Tatsache: »Das ist Ölfarbe« oder »Ich habe mit Fritz geschlafen«. Mit dem, was wir als Wahrheit sagen, wollen wir auch einen Sinn-Zusammenhang erklären.

Wahrheit ist nur dann Wegweiser zur Harmonie, wenn sie dem logischen Sinn-Verständnis dient und wenn sie mit dem Willen zur Wahrhaftigkeit übereinstimmt.

# Das ethische Sinn-Verständnis

Das Streben nach Harmonie äußert sich auch als Wille, mit gutem Gewissen zu handeln. Dieser ethische Wille enthält eine Forderung gegenüber sich selbst und zugleich gegenüber anderen. Gegenüber sich selbst ist es die moralische Forderung der Selbstachtung. Gegenüber anderen ist es die soziale Forderung der »Anständigkeit« und Gerechtigkeit.

Sittlich gut ist eine Handlung, die ein harmonisches Gleichgewicht anstrebt zwischen dem eigenen Anspruch und dem Anspruch des anderen. Das gilt für alle menschlichen Beziehungen. Dieses harmonische Gleichgewicht einer Beziehung empfinden wir als Gerechtigkeit. Darum hält die Justitia die Waage mit den zwei Waagschalen in der Hand.

## Das »Böse«

Ist die Beziehung des einen zum anderen wahr und gut, dann ist sie harmonisch und sinnvoll. Will einer aber das, was nur unter bestimmten Umständen oder nur aus seiner Sicht wahr und gut ist, zur allgemeingültigen Wahrheit erheben, die für jeden und in jeder Situation gelten soll, dann macht er seine beschränkte Ansicht der Wahrheit zur Ideologie; damit schlägt die Wahrheit in die Unwahrheit und das Gute ins Böse um.

Beschenken wir einen Hilfebedürftigen, tun wir etwas Gutes. Findet aber an Weihnachten unter Geschäftsfreunden ein Tauschhandel mit Geschenken statt, dann geht's meist nicht darum, etwas Gutes zu tun oder wirklich Freude zu bereiten, sondern sich damit beliebt zu machen.

Zur bösen Tat hingegen wird das Schenken, wenn man sich nicht nur beliebt machen will, sondern den anderen verwöhnt, um ihn an sich zu binden. Dann trifft zu, was mein Pädagogiklehrer sagte: »Verwöhnung ist ein Verbrechen.«

Das habe ich kürzlich beim Sohn eines Freundes erlebt. Der früher aufgeschlossene, hilfsbereite junge Mann hat sich in den letzten zwei Jahren, seit er volljährig ist, völlig verändert. Er ist einerseits unfreundlich und geradezu arrogant, andererseits ist die Kehrseite, die Unsicherheit und Gehemmtheit, ebenfalls auffällig.

Vom Vater erfuhr ich die Hintergründe.

Die reiche Großmutter, die allein lebt, weil sich ihr Mann von ihr getrennt hat und schon seit zwanzig Jahren bei seiner Freundin wohnt, verwöhnt ihren Enkel mit Geschenken, um ihn an sich zu binden. Zunächst kaufte sie ihm ein Motorrad, mit dem er sich schon in der ersten Woche einen Schädelbasisbruch zuzog. Dann erhielt er, wieder gegen den Willen des Vaters, einen rasanten Sportwagen. Als der junge Mann auf die Idee kam, mit Gold- und Aktienspekulationen leicht und rasch viel Geld verdienen zu können, stellte ihm die Großmutter ein beträchtliches Vermögen zur Verfügung. Davon hatte er bald die Hälfte verloren. Diese egoistische Verwöhnungstaktik der Großmutter, die angeblich »nur das Beste für den Enkel will«, widerspricht dem ethischen Sinnverständnis. Sie zerstört den Charakter ihres Günstlings.

Hilft man aus Verantwortung und schenkt man, um Freude zu bereiten, dann entsteht Harmonie aus dem ethischen Sinnverständnis.

»Ölfarb«, der reine Tor, hat bei einer anderen stadtbekannten Geschichte bewiesen, daß für ihn die ethischen Ideale der Selbstachtung und der Gerechtigkeit weit höher stehen als das egoistische Profitstreben.

Die reiche Weinhändlers-Witwe M. hatte in der Altstadt ein vier Stockwerke hohes Haus. Unten war ihre Weinhandlung. In den oberen Stockwerken lebte sie in kostbaren antiken Möbeln und teuren Perserteppichen.

Ihr Weinhandel war einträglich. Sie selbst aber fand, daß sie meist ausgenützt oder betrogen werde, wenn sie selber etwas zahlen mußte.

Als vor ihrem Haus das Brennholz für den Winter abgeladen

wurde, schlenderte gerade »Ölfarb« vorbei und schaute dem Treiben interessiert zu. Er schmauchte seine Tabakspfeife und hatte beide Hände in den Hosentaschen vergraben.

»Habt Ihr Zeit, Ölfarb? Wollt Ihr was verdienen?« fragte ihn Frau M.

»Ja, brauchen könnt ich's schon. Aber das ist ja ein Riesenhaufen, und alles auf den Dachboden soll's?«

»Ich zahle Euch gut. Aber am Mittag muß es oben sein. Also, wollt Ihr oder wollt Ihr nicht?«

Ölfarb schleppte das Holz in stundenlanger Mühe vier Stockwerke hoch auf den Dachboden. Durstig und verschwitzt ging er anschließend ins Weingeschäft zu Frau M., die wie üblich bei der Kasse stand. »So 's ist alles oben, aber ein zweites Mal mach' ich das nicht mehr.«

»Gut, Ölfarb, nehmt das, Ihr habt es redlich verdient.«

Damit drückte sie ihm ein paar Münzen in die Hand. Ölfarb bedankte sich und trat aus der Weinhandlung. Dann schaute er sich noch mal die paar Münzen an und dachte an die Mühe, die er mit dem Holztragen gehabt hatte. Verärgert schüttelte er den Kopf. Sein Entschluß war gefallen: »Nein, für diesen lächerlichen Lohn trägt der Ölfarb nicht all das Holz vier Stockwerke hoch. Nein, das nicht mit mir.« Ölfarb stieg auf den Dachboden und beförderte Bündel für Bündel wieder hinab auf die Straße. Darauf ging er zu Frau M. an die Ladenkasse. Er gab der verdutzten Krämersfrau das Geld zurück.

Ölfarb tat, was seine Selbstachtung erforderte. Er machte das ungerechte Geschäft rückgängig, den schäbigen Lohn gab er, um gerecht zu handeln, wieder zurück.

Ölfarb weiß, was Selbstachtung und Gerechtigkeit für ihn bedeuten. Er braucht dafür kein moralisches Treppengeländer. Er benötigt dazu keine Anweisungen: »Du sollst...«; »Du sollst nicht...«.

Das Ideal der Harmonie in der Beziehung zum anderen ist immer und in jedem Menschen als Wegweiser vorhanden. Er wird aber meist mit so vielen Gebot- und Verbottafeln (»Es ist

Sünde, wenn...«, »So etwas tut man nicht...«) überdeckt, daß
vor lauter Ideologien das echte Ideal, die Harmonie mit dem
anderen, nicht mehr gesehen wird.

Wer maßt sich an, uns zu sagen, worüber wir uns zu schämen haben und was Sünde ist?

Als ich etwa vier bis fünf Jahre alt war und zuweilen verspä-
tet von dem sehr weiten Weg aus der Kleinkinderschule nach
Hause kam, bestrafte mich die Mutter, indem sie mich in den
Keller sperrte. Ich erinnere mich noch genau, wie sie dabei
jedesmal sagte: »Du sollst dich schämen.« Ich verstand zwar,
daß sich schämen etwas ist, das sich in mir vollziehen müsse,
aber mir war nicht klar, was ich dabei tun mußte.

Als ich zum ersten Mal in Rom den St. Peters Dom besichtig-
te, erhielten dort Frauen, die nackte Unterarme hatten, weiße
Ärmel zum Überstülpen. Mit nackten Unterarmen in dieser
Kirche zu sein galt offenbar als schamlos. Es hätte sich wohl
kaum eine dieser Frauen deswegen geschämt, denn wirklich
schämen kann man sich nur, wenn man gegen seine Überzeugung handelt, also etwas Unrechtes tut und sich deshalb selbst
verachtet.

Was für eine explosive sexuelle Phantasie muß ein Betrachter
haben, der sich von nackten Unterarmen derart erregen läßt,
daß er sich deswegen schämt.

Mag diese Prüderie zum Teil nur Zeremonie sein, so zeigt
sie doch, wie sehr sich Menschen zu unechten Schamgefühlen
gegenüber dem Körper und der Sexualität dressieren lassen.


## Das ästhetische Sinn-Verständnis

Das griechische Wort aisthesis heißt Empfindung. Als ästhe-
tisch pflegen wir all das zu bezeichnen, was wir mit unseren
Sinnen als harmonische Gestalt empfinden. Das kann für eine
Landschaft, für einen Menschen, für eine Bewegung oder für

eine Melodie gelten. Aber auch der Geschmack auf der Zunge oder der Duft eines Parfums sagt uns, ob das Aroma eine harmonisch gestaltete Köstlichkeit ist.

Der ästhetischen Harmonie hat man im antiken Griechenland, im Mittelalter, in der Renaissance und Neuzeit bis zum Anfang unseres Jahrhunderts große Bedeutung beigemessen. Die Ästhetik war in der Architektur, in der Kleidung, bei den Eßgewohnheiten, im Alltag und in der Kunst ein wegweisendes Ideal.

Heute wird dieses Ideal als Vorgaukelung einer »heilen Welt« vielfach, ja selbst von »Kultur-Schaffenden«, abgelehnt. Diese sind sich allerdings nicht bewußt, daß es eine »heile Welt« nie gegeben hat, sondern daß sie eh und jeh nur das war, was sie auch künftig bleiben wird: ein wegweisendes Ideal.

Wohin führt es, wenn wir das ästhetische Ideal verleugnen und der »heilen Welt« eine alternative Kultur entgegenstellen? Wer ist es, der noch als Erwachsener in Blue jeans, in graugrünem Pullover und mit struppigem Haar einen Teller Pommes frites mit Ketchup und einen Hamburger vertilgt? Ein Alternativer? Nein, ein alter Naiver, der nicht begriffen hat, daß uns das Leben auch in all den ästhetischen Bereichen nur soviel sinnvolle Freuden bietet, als wir selbst dazu beitragen.

Als junger Student hatte ich das Glück, bei einem Philosophen, Hugo Markus, über längere Zeit Privatunterricht nehmen zu dürfen. Er hatte sich durch seine Schriften über Ästhetik die Anerkennung von Thomas Mann, des Dirigenten Bruno Walter und anderer Größen jener Zeit erworben.

Er lebte als Emigrant in einem einfachen Zimmer. Auf der Kommode stand das Waschbecken und darin der Wasserkrug. Als ich ihm beim Ästhetik-Unterricht einmal einen farbenfroh zusammengestellten Blumenstrauß mitbrachte, sagte er: »Sehr liebenswürdig!«, packte ihn an den grünen Stengeln, versenkte ihn im Waschkrug und fragte: »Wo sind wir das letzte Mal stehengeblieben?«

Eine Illusion brach in mir zusammen. Dieser Mann, der so

71

kluge Theorien über Ästhetik verfaßt hatte, war in Wirklichkeit kein Ästhet. Die Sinnesempfindung, die Lust der Sinnesfreude, sagte diesem hageren Denker nichts. Er hatte nur Lust am Denken.

Was technisch und zweckmäßig ist, was rationell und nützlich ist, was wirtschaftlich und einträglich ist, gilt als wertvoll.

Was hingegen zwecklos, nicht nützlich, nicht rationell und nicht einträglich ist, gilt als wertlos.

Wer so denkt, entwertet die Freude, die Gefühle, die Sinnesempfindungen, die Erotik und das zwecklose Spiel als sinnvolle Lebenshaltung. Dabei kann er zwar ein erfolgreiches Leben führen, aber es wird dennoch ein freudloses, armseliges sein.

Wie können wir in unserem eigenen Leben dagegen ansteuern? Nicht durch Denken, sondern durch Aufmerksamkeit und Empfinden, durch die Wahrnehmung unserer Sinnesempfindungen, durch das ästhetische Wahrnehmen und Erleben der Welt.

Tiere, besonders Hunde, sind bewundernswerte Lehrmeister der Aufmerksamkeit. Weil sie nicht wie wir vom Denken, von Vorstellungen, Einbildungen und Vorurteilen befangen sind, erleben sie die wirkliche Gegenwart so unmittelbar und echt, daß es uns oft als unbegreifliches Wunder erscheinen mag.

Als ich früher mit meinem Vetter Hans L., dem Plattfuß-Infanteristen, oft musizierte, lag sein Schäferhund daneben, meist schlafend auf dem Boden hingestreckt. Wenn ich dann nach einer gemütlichen Unterhaltung fand, daß es Zeit für den Heimweg sei, leitete ich den Abschied mit dem entscheidungsträchtigen Wörtchen »so« ein: »So, ich geh' jetzt nach Hause.« In der Sekunde sprang der Schäferhund wie eine losschnellende Feder auf und stand an der Tür. Er wußte, daß jetzt der Augenblick gekommen war, da er seine letzte Schnupper- und Pinkeltour ums Haus herum machen durfte, bevor er, widerwillig und scheinbar schwerhörig, dem Zurückpfeifen gehorchen mußte.

Die blitzartige Reaktion des schlafenden Hundes überrasch-
te mich. Ich blieb sitzen und wollte das Spiel wiederholen. Der
Hund schaute mich gelangweilt an und legte sich wieder hin.

Nach ein paar Minuten verkündete ich mit all meiner Über-
zeugungskraft: »So, ich geh' jetzt nach Hause.« Der Hund
rührte sich nicht. Nun gut, vielleicht klang es wirklich nicht
echt genug. Ich wußte ja, daß uns ein »dummer Hund« in
bezug auf Menschenkenntnis oft überlegen ist. Nach weiteren
fünf Minuten atmete ich tief durch, entspannte mich kurz mit
dem autogenen Training, dann versenkte ich mich in die Vorstellung, daß es jetzt endlich Zeit sei, nach Hause zu gehen.
Als ich davon zutiefst überzeugt war, daß ich jetzt wirklich
gehen müsse, sagte ich: »So, ich geh' jetzt nach Hause.«

Das dumme Vieh blieb liegen und rührte kein Haar. Dabei
sah ich, daß er wach war und mich offenbar völlig ignorierte.
Ich erörterte das Thema lang und breit mit meinem Vetter. Da
wir beide keine Hunde waren und deshalb auch zu keiner
tierpsychologisch überzeugenden Einsicht kamen, fand ich
schließlich: »So, ich geh' jetzt nach Hause.«

Die Feder ging los, und der Hund stand an der Tür.

Aufmerksamkeit, eine umfassende, untrügbare Aufmerksamkeit war das, was mich der Schäferhund an jenem Abend lehrte. Mit seinen Sinnen kann ein Tier mit geradezu telepathi-
schen Fähigkeiten die Wirklichkeit erfassen. Aber warum haben wir nicht die Aufmerksamkeit und die gleiche intelligente
Wahrnehmung wie Tiere?

Weil uns die menschliche Intelligenz des Denkens in die
Quere kommt.

Blitzschnell haben wir ein Wort, einen Begriff aus unserem
Denkmagazin geholt, und wir »wissen schon«. »Das ist ja
nichts als ...«, »Das kenne ich schon ...«, mit diesen Vorurteilen stumpfen wir die Sinnesempfindungen ab. Mit dem
bewertenden Denken verschließen wir das Tor zur Wirklichkeit. Wir machen uns zum ästhetischen Trottel.

Ich bin immer tief beeindruckt, wenn ein knallharter Manager, der selbst den Geschlechtsakt nach dem Leistungsprinzip vollzieht, bei einem Geschäftsessen den entkorkten Wein zu kosten hat.

Um sich als Weinexperte auszuweisen, betrachtet und begutachtet er zuerst die Farbe, dann schwenkt er das Glas und riecht die Blume des Weines. Dann schmeckt, kostet, gurgelt und kaut er den ersten Schluck. Nach langem Prüfen und bedachtsamem Kopfwiegen folgt ein gönnerhaftes Nicken: »Doch, der Wein ist recht.«

Alle Achtung vor solch hochkultivierter Geschmacksästhetik. Welch bewundernswerte Hingabe an die ästhetische Sinnesempfindung.

Doch welch ein Sinneswandel, wenn der ganze Rest des Weines während des Gesprächs über neue Werbestrategien und die mittelfristige Umsatzsteigerung wie Wasser hinuntergespült wird.

Die echte Sinnlichkeit erfordert volle Hingabe und Konzentration. Sie verlangt eine wache Aufmerksamkeit auf die Körperempfindungen und die Bereitschaft zum Verweilen. Wer in Hast ißt, wer sich nur schnell ernährt, wer daneben Zeitung liest oder Geschäftsgespräche führt, ist ein Sinnesmuffel.

Er mißachtet den ästhetischen Sinn seines Lebens. Vor lauter Profitstreben, vor lauter Nützlichkeits- und Zweckdenken wird der Sinnesgenuß abgewertet. Weil die Sinnlichkeit dem Leistungsehrgeiz nichts nützt, wird sie als minderwertig taxiert.

Hier aber stimmt die Rechnung nicht. Wer das Gleichgewicht zwischen Leistung und Sinnlichkeit nicht findet, kommt zu kurz.

Wer nur ißt, um den Hunger zu stillen, wer nur Sex treibt, um sich abzureagieren, wer nicht verweilt und mit allen Sinnen erlebt, der kommt zu kurz. Geld, Besitz und Ruhm können das ästhetische, sinnenfreudige Leben nicht ersetzen. Wie kommt es, daß die Sinnlichkeit von so vielen Menschen abgewertet wird, in einem Maß, wie es in anderen Zeiten und anderen Kulturen nicht der Fall war?

Religiöse und staatliche Institutionen profitieren vom Leistungsstreben und vom Pflichtgefühl des Bürgers, nicht aber von seiner ästhetischen Sinnlichkeit.

Die Kirche hat die Selbstbefriedigung und die sexuellen Beziehungen außerhalb der Ehe zur Sünde erklärt. Sie hat sogar den Sexualverkehr moralisch verurteilt, sofern nicht die Absicht besteht, ein Kind zu zeugen.

Nicht jeder hat den Mut, solchen anmaßenden Behauptungen mit seinem gesunden Menschenverstand entgegenzutreten. Nicht jeder durchschaut diese moralistischen Gebote als das, was sie sind: Ein Mittel, um bei den Gläubigen Frustrationen, Gewissensbisse und Ängste zu erzeugen und sie dadurch manipulieren zu können.

Seit Generationen sind den Menschen im frühen, geistig noch wehrlosen Kindesalter Scham- und Schuldgefühle gegenüber sexuellen Körperempfindungen eingeredet worden. Darum ist es schwer, sich von diesem Wahn zu befreien.

Wenn auch Sie glauben, sexuelle Lustempfindungen und die körperliche Sinnlichkeit hätten etwas mit Moral zu tun, dann wird es Sie überraschen zu hören, daß alle Arten von Sinnesempfindungen, zum Beispiel das Hören von Musik, das Betrachten eines Gegenstandes, der Duft in der Nase, der Geschmack auf der Zunge oder die sexuelle Körperempfindung ausschließlich der Ästhetik angehören und mit Ethik nichts zu tun haben.

Natürlich kann alles auch mit unmoralischem Tun verknüpft sein. Wenn jemand das Essen vergiftet oder sexuell gewalttätig ist, handelt er unmoralisch. Aber nicht das Essen, sondern das Gift, und nicht die Sexualität, sondern die Gewalt sind moralisch verwerflich.

Freud hat die Sexualität ins Zentrum seiner Psychologie gestellt. Dahin gehört sie nicht.

Er hat aber, wie später Kinsey, Masters und andere, ver-

75

sucht, dem moralistischen Standpunkt der Kirche einen sachlichen, naturwissenschaftlichen gegenüberzustellen. Das ist zwar – wie auch die Pornographie – eine antimoralistische Einstellung zur Sexualität, aber noch keine echte Emanzipation. Diese vollzieht erst, wer die Sexualität als Sinnesempfindung versteht, die wir als ästhetische Sinn-Erfüllung zu kultivieren, zu vertiefen und zu verfeinern haben.

Da uns der sexuelle Moralismus eingeimpft worden ist, hat er selbst für aufgeschlossene und konfessionell ungebundene Menschen immer noch schwerwiegende Folgen. Er beeinträchtigt die offene, emotionale Kommunikation.

Olga, eine Russin, die schon lange in Paris lebt und mir in russisch gefärbtem Französisch die köstlichsten Geschichten erzählt, begann wie immer: »Also stell dir vor... Ich kenne Pierre und Marianne schon lange. Ein entzückendes Paar. Wirklich beide. Und sie hängen aneinander. Aber du kannst dir nicht vorstellen, ich sitze im Odéon und, weißt du, da sind die Rückwände der Lederbänke sehr hoch, da kann man nicht hinübersehen. Und plötzlich kommt mir die Stimme hinter mir bekannt vor. Ich höre hin. Es ist Marianne. Sie spricht mit einer Freundin über Pierre und über einen anderen Mann. Also weißt du, so was Verrücktes. Ich mußte hinhören. Sie schwärmte von einem Jean, wie er sie nimmt, und das bei jeder Gelegenheit. ›Nein, nein, ich liebe Pierre, aber Jean macht mich ganz verrückt‹, sagte Marianne zu ihrer Freundin.«
Olga war es peinlich. Sie hat sich unbemerkt davongemacht.
Unter dem Vorwand, ein Buch zurückzubringen, hatte sie bald Pierre aufgesucht. Er war allein. Marianne sei gerade ausgegangen. »Sonst seid ihr doch immer zusammen weggegangen«, fragte Olga. »Seid ihr nicht mehr das glückliche, verliebte Paar?«
»Doch, doch natürlich, was denkst du!« protestierte Pierre.

»Aber, um ganz offen zu sein, ich habe schon nebenbei eine kleine Freundin. Weißt du, Olga, Marianne ist wirklich die ideale Frau für mich, aber Sex ist ihr nicht so wichtig. Da bin ich ein bißchen anders. Ich bin eben in dieser Beziehung spontaner und tue halt, was mir gerade einfällt.«

Olga verschwieg, was sie über Marianne wußte, sagte aber: »Mach's doch auch so mit Marianne. Wenn ich als Frau Marianne richtig sehe, dann ist es genau das, was sich Marianne auch wünscht.«

Wenige Tage danach rief Pierre an: »Du, Olga, du bist wirklich ein Menschenkenner. Marianne und ich sind verliebt wie am ersten Tag.«

So konfliktlos wird die falsche Moral meist nicht überwunden. Eifersucht, Scheidung, Einsamkeit und Depressionen sind für viele die Folgen.

Dabei fällt mir eine Frau ein, die ich gerade jetzt in einer psychiatrischen Klinik traf. »Endogene Depression« lautete die Diagnose. Wenn sie richtig ist, müßten Stoffwechselstörungen die Ursache sein. Die psychologische Abklärung mit dem Farbtest zeigte zwar eine starke Depression, die aber eindeutig mit der sexuellen Ablehnung des Ehepartners zusammenhing. Als ich unumwunden aussprach, was ich dachte, löste es eine Flut von Tränen und Worten aus: »Seit Jahren liegt mein Mann neben mir im Bett. Er ist höflich und nett, aber rührt mich nicht an. Ich kann so nicht leben. Ich bin eine leidenschaftliche Frau. Ich wünschte mir, ich würde vergewaltigt. Vielleicht meine ich es wirklich ernst. Jedenfalls erregt es mich schon seit Jahren, wenn ich mir vorstelle, daß mich irgendein fremder Mann plötzlich nimmt.«

»Wie empfindet Ihr Mann eine solche Situation?« wollte ich wissen.

»Um Gottes willen, so etwas sage ich ihm doch nicht«, entgegnete sie erschrocken. »Das habe ich überhaupt noch niemandem erzählt. Was würde mein Mann von mir denken, wenn er wüßte, was ich mir so ausmale.«

Ich weiß nicht, ob ich früher als unerfahrener Psychotherapeut ihr empfohlen hätte, ihre Sexualität mit einem anderen Mann auszuleben. Heute jedenfalls weiß ich, oft hat das Opfer selber ein gewisses Maß an Mitschuld. Oft ist die Frau an der sexuellen Gleichgültigkeit oder Impotenz des Mannes mit beteiligt, ebenso wie bei der sexuellen Gehemmtheit oder Frigidität einer Frau der Mann eine wichtige Rolle spielt.

So war es auch bei diesem Ehepaar. Beide waren in Italien aufgewachsen. Sexualität war bei beiden von jung an heiß begehrt, aber moralisch verurteilt und unterdrückt.

Die ersten Ehejahre waren sexuell stürmisch, aber gesprochen wurde kein Wort. Der Akt wurde vollzogen, um befriedigt zu sein. Es gab kein Verweilen und kein Auskosten der körperlichen Sinnesempfindungen, denn sie galten als unanständig. Dieses Ehepaar war in dieselbe Sackgasse geraten, in der die Sexualität der meisten endet.

Das kontrollierte, wortlose und ausdrucksarme sexuelle Verhalten, die moralische Gehemmtheit, auch wenn sie nur noch im Hinterkopf steckt, hemmt den anderen. Dessen Hemmung wirkt zurück und steckt die Grenzen ab, die sich nun keiner mehr zu durchbrechen getraut.

Weil man den andern liebt, schätzt oder respektiert, hat man Angst, die vermeintlich unmoralischen Wünsche und Phantasien zu äußern und auszuleben.

Auch der scheinbar sexuell gleichgültige Ehegatte dieser depressiven Frau gab sich einer lebhaften Phantasiewelt mit Sexorgien hin, während er sich selbst befriedigte. Er genierte sich, seiner Frau auch nur die geringste Andeutung über seine sexuellen Wünsche zu machen. Er, aus Angst, von ihr verachtet zu werden, und sie, aus Angst, von ihm verachtet zu werden, blieben in ihrer moralischen Befangenheit stecken. Wie viele Generationen wird es noch brauchen, um sich vom konfessionellen Moralismus zu emanzipieren, um sich den sexuellen Körperempfindungen als Teil des ästhetischen Sinn-Verständnisses wirklich frei hingeben zu können?

# Das virtuos-technische Sinn-Verständnis

Wenn man von einem Menschen sagt, daß er mit zwei linken Händen geboren sei, hält man ihn für ungeschickt. Für jede Art von Handwerk vom Steinmetz bis zum Gehirnchirurgen ist Geschicklichkeit erforderlich.

Das griechische Wort »techne«, das unserem Begriff »Technik« zugrunde liegt, bedeutet die Geschicklichkeit oder Kunstfertigkeit des Handwerkers.

Ob wir einem Koch beim Zwiebelschneiden zusehen, ob wir die Hände eines Töpfers oder eines Klaviervirtuosen beobachten oder gar einem Zauberer auf die Finger sehen, immer wieder kann uns die Fingerfertigkeit von Menschen, die ihr Handwerk verstehen, in Erstaunen setzen. Was wir bewundern ist ihre Technik.

Sie zeugt von hohem Sinnesverständnis, das einer für das hat, womit er umgeht.

Einer der großen Pädagogen des 18. Jahrhunderts, der Schweizer Heinrich Pestalozzi, fand, daß »eine allseitige Entfaltung des Menschenwesens im lückenlosen, harmonischen Zusammenhang seiner Grundkräfte« nötig sei.

Viele Philosophen sind kopflastig. Darum sind ihre traditionellen Themen die Metaphysik, die Ethik, die Ästhetik und natürlich die Logik des Verstandes.

Pestalozzi aber lehrte, daß nicht nur Kopf und Herz, sondern auch die Hand in gleichem Maße zur Entfaltung gebracht werden soll.

Freilich geht es bei der technischen Geschicklichkeit nicht nur um die der Hand. Wir bewundern ja nicht nur die Handballer, sondern auch die Geschicklichkeit der Fußballer. Aber selbst Fußballer spielen nicht nur mit den Füßen. Manchmal brauchen sie auch ihren Kopf. Die Geschicklichkeit bezieht sich auf den ganzen Körper. Die Technik des Kunstturners oder der Balletteuse bewundern wir, weil sie ihren Körper vollkommen beherrschen.

Eine beispiellose Spitzenleistung an Körpertechnik sah ich vor langer Zeit in einem Zirkus. Es war die atemraubende Akrobatik eines neunjährigen Jungen. Er stellte drei gleich große Tischchen aufeinander und kletterte hinauf. Darauf türmte er drei gleich große Stühle. Auf den obersten stellte er einen Stab und auf diesen noch einen Stab. Dann schwang er sich hinauf und machte dort auf einer Hand den Handstand. Ich fühlte mich von der unerträglichen Nervenspannung erst erlöst, als er wieder auf dem obersten Stuhl stand.

Doch erst jetzt kam für mich das Erlebnis, warum mir dieser junge Akrobat unvergeßlich geblieben ist. Als er wieder auf dem obersten Stuhl stand und die beiden Stäbe nicht mehr brauchte, warf er sie nicht achtlos auf den Boden hinunter. Oben auf dem Stuhl legte er zuerst jeden Stab nieder, mit einer Behutsamkeit, als ob es gälte, die Stäbe wieder aufzubauen, um das halsbrecherische Kunststück vorzubereiten. Dann erst warf er sie wohlgezielt dem Gehilfen zu.

Eine unserer ersten Bemühungen als Kleinkind war es, eine virtuose Technik herauszufinden, wie wir auf zwei Beinen stehen und sogar gehen können, ohne das Gleichgewicht zu verlieren.

Wer inzwischen vergessen hat, daß er damit eine besondere Kunstfertigkeit besitzt, braucht nur ein paar Wochen krank im Bett gelegen zu haben. Will er einfach aufstehen und ein paar Schritte gehen, wird er gleich auf dem Boden liegen. Zuerst muß er wieder lernen, sich im Gleichgewicht zu halten.

Wir fordern uns immer mehr und immer größere technische Geschicklichkeit ab, wir lernen, ein Fahrrad zu beherrschen, Tennis zu spielen, Ski zu laufen und uns beim Tanzen in Harmonie mit dem Partner zu bewegen. Und immer erleben wir bei all diesem Üben genau das, was das Merkmal der Sinnerfüllung ist: Die Freude an der harmonisch-rhythmischen Bewegung, an unserem virtuos-technischen Können.

Meist bezeichnen wir dieses zweckfreie, aber sinnvolle Tun als Spiel. Auch aller Sport, selbst der Leistungssport, sollte zweckfreies Spiel sein. Immer geht es darum, die virtuose Technik, die Körperbeherrschung und Geschicklichkeit freudvoll zu erleben.

Selbst wenn man sich im Wettkampf mit dem anderen mißt, dient es nur dem Ansporn und dem Training der Geschicklichkeit. Das dünkelhafte Rivalisieren ist darum unsportlich. Der professionelle und der vom Gruppen- und Nationalstolz gelenkte Sportbetrieb ist weitgehend dem sinnvollen Spiel entfremdet. Er ist industriell vermarktet, verzweckt und darum sinnwidrig.

In der östlichen Kultur werden jahrelang Kampfspiele wie z. B. Judo, Karate, Schattenboxen, Bogenschießen, Schwertfechten geübt, nicht um den anderen, sondern um sich selbst zu meistern.

Eugen Herrigel beschreibt in »Zen in der Kunst des Bogenschießens«, wie er jahrelang üben mußte, nur um den Bogen richtig anzusetzen und zu spannen. Aber die Reife, den Pfeil abschießen zu dürfen, hatte er immer noch nicht erlangt. Als er nach Jahren wieder einmal entmutigt fragte, wie man denn zielen und treffen lerne, führte ihn der Meister in die Schießanlage. Der Meister schoß den ersten Pfeil ins Zentrum der Scheibe. Der zweite Pfeil traf den ersten.

So wie wir als Kleinkind das Gehen mühelos lernen müssen, so lange bis es uns in Fleisch und Blut übergegangen ist, so übt der Bogenschütze, der Golfspieler, der Pianist, bis er vollkommen mit dem verwachsen ist, was er tut, und bis es wie von selbst geschieht.

Beim Tischtennis spüre ich, daß ich nicht mehr mit einer bewußten Absicht spiele, sondern daß es aus mir spielt, wenn es gut läuft.

Wenn ich mich beim Skifahren dem Rhythmus der Bewegungen hingebe und sich die Körperbewegungen und die Bodenerhebungen des Schneegeländes harmonisch ergänzen, erlebe ich die Freude der spielerischen Körpertechnik.

So ist auch das Lächeln des Zirkusakrobaten Ausdruck der

Freude am Spiel, obwohl jeder weiß, welch zähes Training hinter seiner Leistung steht.

Als ich die Meisterschützen unserer Nationalmannschaft psychologisch betreute, gab ich ihnen beim täglichen autogenen Training und für den Wettkampf den Leitsatz: »Ich bin zufrieden, und das Ziel wird schön.« Die Analyse von Mißerfolgen zeigte mir, daß gute Resultate nur bei Zufriedenheit und dem Gefühl von Harmonie erreicht werden.

Der Meisterschütze schießt nicht bewußt, sondern »es« schießt automatisch, und zwar treffsicher, sofern nicht irgendeine Irritation, irgendein störender Gedanke ihn beeinflussen. Darum sind das Zufriedensein und das Schönwerden des Zieles die Harmoniekriterien, die den Schuß auslösen.

Zugleich mußten sich die Schützen abgewöhnen, ständig ihre Trefferpunkte zusammenzuzählen. Der dranghafte Wunsch des Schützen, nach jedem Schuß wissen zu wollen, wie gut er steht, löst Rivalitätsgefühle aus und mindert seine Leistung. Er schadet sich in beiden Fällen: Hat er mehrere Volltreffer erzielt, sagt er sich, der nächste Schuß wird schlechter sein. Hat er einige schlechte Schüsse abgegeben, bildet er sich ein, heute zu versagen, und wird unsicher.

Auch wenn wir keine Meisterschützen sind, brauchen wir, besonders wenn's drauf ankommt, die Technik der Konzentration, um in diesem Augenblick, hier und jetzt, zu tun, was der Harmonie entspricht.

Einen Höhepunkt an virtuos-technischem Sinnverständnis erlebte ich vor einigen Jahren. Über das Fernsehen konnte man verfolgen, wie ein russischer und ein japanischer Kunstturner bei den Olympischen Spielen noch einmal zum Wettkampf antreten mußten, da beide gleich gut waren. Der russische Turner war im Endkampf vorsichtig und perfekt. Er gewann die Goldmedaille. Der Japaner hingegen ging wie beim täglichen Training ein Wagnis ein und verlor dadurch den Sieg. Aber schon in der Schlußposition strahlte er ein zufriedenes Lächeln aus, und sein Lehrer nickte ihm bejahend zu.

Glücklicherweise hatte ich bald Gelegenheit, von zuständigen Japanern zu erfahren, was dieses mimische Zwiegespräch zu bedeuten hatte. Das Lächeln des Kunstturners besagte: »Die Übung und das Wagnis waren mir wichtiger als die Goldmedaille.« Das lächelnde Zunicken des Lehrers bedeutete: »Du hast es richtig gemacht. Nicht die Auszeichnung, sondern die Übung, die Verbesserung, das Wagnis sind das Ziel.« Darum kann man zuweilen die zunächst unverständliche Formulierung hören: »Der Weg ist das Ziel.«

Wenn eine Persönlichkeit wie Goethe findet: »Im Leben kommt es auf das Leben und nicht auf den Erfolg desselben an«, dann sieht auch er den Sinn darin, wie wir unseren Weg gehen.

Auf Bali ist die Kunstfertigkeit, zum Beispiel die Holzschnitzerei, das Musizieren, die tänzerische Darstellung, ein wesentlicher Lebensinhalt vieler Menschen. Die ästhetische Sinnenfreudigkeit der Balinesen ist einer der Gründe für ihr liebenswürdig strahlendes Lächeln. Es zeugt von einem sinnerfüllten Leben.

Das zweckhafte Leben, das uns so wichtig erscheint, ist nur die eine, das sinnvolle Leben hingegen ist die »andere Wirklichkeit«.

Weil bei uns nicht nur der Sport, sondern vielfach auch die Kunstfertigkeit zweckhaft vermarktet wird und weil bei uns die Technik überhaupt zur zweckhaften Nützlichkeit geworden ist, müssen wir die andere Seite, die zweckfreie Kunstfertigkeit, das sinnvolle Spielen, also die Freude am virtuos-technischen Sinnverständnis, wiederentdecken.

# Das normale Selbstgefühl schafft normale Beziehungen

Besteht ein Zusammenhang zwischen den vier Selbstgefühlen (Selbstachtung, Selbstvertrauen, Zufriedenheit und innere Freiheit) und den vier Harmonie-Idealen?

Wenn das zutrifft, wenn das normale Selbstgefühl die Beziehung zum anderen Menschen verbessert und normalisiert, dann wissen wir, was wir tun müssen. Wir werden die vier elementaren Selbstgefühle ins normale Gleichgewicht bringen, um unsere Beziehungen harmonischer, freudvoller und erfolgreicher zu gestalten:

## Das Selbstvertrauen und das virtuos-technische Sinn-Verständnis

Wer seine Geschicklichkeit übt, wer beim Autofahren, Skifahren, Schwimmen, Reiten, Tanzen, Musizieren, Reden, wer eine Fremdsprache oder seine beruflichen Erfordernisse so lange übt, bis er sie beherrscht, der schafft sich Selbstvertrauen. Wer hingegen nichts leistet, wer sich unterfordert, findet kein Selbstvertrauen.

Wer sich zuviel zumutet, wer sich überfordert, zerstört das vorhandene Selbstvertrauen.

Das Selbstvertrauen hängt somit vom Können ab.

Das schwache Selbstvertrauen kann gestärkt werden. Dazu muß man sich selber fordern und sich durch zähes Üben mit

Ausdauer das Vertrauen in die eigene Leistungsfähigkeit erwerben.

Ob man Sport treibt, eine Fremdsprache lernt oder sich gegenüber schlechten Gewohnheiten beherrschen lernt, immer wenn man sich fordert, stärkt man sein Selbstvertrauen.

# Die Selbstachtung
## und das ethische Sinnverständnis

Im Zentrum einer Kleinstadt, mitten unter den Leuten, war eine ältere Frau hingefallen. Sie lag am Boden, und ihr Mann stand hilflos daneben. Als ich sah, daß niemand half, daß die Fußgänger nur hinschauten und weitergingen, hielt ich mein Auto an, lud die Frau und ihren Mann in den Wagen und fuhr sie nach Hause. Es schien nur ein momentaner Schwächeanfall gewesen zu sein.

Ein junger amerikanischer Theologe, den ich gerade vom Bahnhof abgeholt hatte, war mir dabei behilflich. Er besuchte mich, weil er an einer Dissertation über Ethik schrieb und meine Ansicht über ethisches Verhalten kennenlernen wollte.

Was mich nach dem Vorfall beschäftigte, war das Verhalten der vielen Menschen, die an der hilflosen Frau vorbeigingen, ohne etwas zu tun. Ich fragte den Theologen, worin er den Grund sehe. »Gleichgültigkeit«, meinte er. Ich war anderer Ansicht. Ich bin der Meinung, daß wir alle, wenn wir einen Menschen in einer hilflosen oder leidenden Situation wahrnehmen, uns betroffen fühlen. Ich glaube nicht, daß wir in diesem Augenblick gleichgültig sein können, denn wir nehmen die Situation des anderen wahr und empfinden sie. Blitzschnell allerdings fallen uns Argumente ein, um uns der Verantwortung zu entziehen. Sofort haben wir Gründe, um die Verantwortungslosigkeit zu entschuldigen und uns scheinbar gleichgültig abzuwenden. »Ich hab's eilig«, »Jetzt geht's beim besten Willen nicht« oder »Die wird zu viel getrunken haben. Die ist selber schuld« oder »Warum soll gerade ich helfen. Es sind doch andere da« oder »Der Mann steht doch dabei. Warum tut der nichts?« usw.

Angenommen, ich hätte die Situation dieser Frau mit einer Ausrede scheinbar gleichgültig mißachtet. Was wäre in mir vorgegangen? Ich hätte mich verantwortungslos gefühlt. Ich hätte gegen meine Überzeugung gehandelt und diese Haltung verachtet. Es hätte meiner Selbstachtung geschadet.

Wer nach seiner Überzeugung handelt und keine faulen Kompromisse macht, wer mit sich ehrlich ist, achtet seine Haltung. Er besitzt Selbstachtung.

Wer auch anderen gegenüber aufrichtig und verantwortungsvoll handelt, entspricht dem ethischen Sinnverständnis. Selbstachtung und eine ethisch verantwortungsvolle Haltung gehören zusammen.

# Die innere Freiheit
## und das ästhetische Sinnverständnis

Wer von Sorgen bedrückt ist oder wer egozentrisch nur an sich denkt und nur die eigenen Interessen verfolgt, ist verschlossen. Ihm fehlt die wache Aufmerksamkeit. Sie ist unser Radarschirm. Mit ihr nehmen wir die Wirklichkeit wahr. Aber um für die ästhetischen Sinneswahrnehmungen aufgeschlossen zu sein, müssen wir uns ohne Sorgen, unbelastet und innerlich frei fühlen.

Künstler, die glauben, Bohémien spielen zu müssen, um ihre Freiheit und Unabhängigkeit zu beweisen, sind innerlich nicht frei. Ihre Kunst ist darum oft Ausdruck ihrer egozentrischen Konflikte. Deshalb vermittelt sie uns entsprechend wenig an ästhetischem Sinnverständnis. Der Kunsthandel allerdings versteht es, die Extravaganz in Originalität umzumünzen und als gesellschaftliches Prestige zu vermarkten. Durch die echte, innere Freiheit hingegen sind wir für die ästhetische Wahrnehmung aufgeschlossen.

## Die Zufriedenheit
## und das logische Sinnverständnis

Wir alle kennen das Gefühl, das sich einstellt, wenn wir ein Problem gelöst haben und von der Anspannung erlöst sind. Die Ruhe, die dann eintritt, erfüllt uns mit Zufriedenheit. Die Lösung des Problems ist nichts anderes als das vernunftgemäße Einordnen der problematischen Fragen in den logischen Sinnzusammenhang.

Vorurteile und falsch gestellte Fragen schaffen Probleme. Es sind Scheinprobleme. Wer aber zufrieden ist, macht sich keine Scheinprobleme. Er versucht eine Aufgabe, die sich ihm stellt, zu lösen und zu bewältigen, aber er macht kein Problem daraus.

Der Unzufriedene hingegen tut sich wichtig, indem er möglichst viel zum Problem macht. Er hat ein Problem, wenn er auf der Speisekarte auswählen soll. Er hat ein Problem, weil er nicht weiß, was er anziehen muß oder wo er die Ferien verbringen soll oder warum eine Situation nicht so ist, wie er erwartet hat.

Sein Problem ist die überspannte Anspruchshaltung. Er ist unzufrieden, weil er nicht sehen oder nicht akzeptieren will, was wirklich ist.

Der Zufriedene hingegen sieht »die Dinge, wie sie sind«. Er versteht den anderen, ohne ihn zu bewerten, ohne Noten auszuteilen. Er beurteilt eine Situation oder eine Frage nach dem »gesunden Menschenverstand«, also nach seinem logischen Sinnverständnis.

# Die Wechselwirkung zwischen Selbstgefühlen und Beziehungen

Wenn wir später die Dimensionen der Funktionspsychologie (autonom – heteronom; konstant – variabel) kennenlernen, wird es uns ein leichtes sein, den Zusammenhang der vier Selbstgefühle mit den vier Harmonie-Idealen (dem logischen, ethischen, ästhetischen und technischen Sinnverständnis) zu verstehen. Wenn wir die Wechselwirkung zwischen einem bestimmten Verhalten und dem entsprechenden Selbstgefühl erkennen, dann sind wir in der Lage, beides zu verbessern. Das richtige, angemessene Verhalten erzeugt das erwünschte Selbstgefühl. Aber auch umgekehrt: Das normale Selbstgefühl verbessert die Beziehung zu den anderen Menschen und damit die Situation und das Lebensgefühl.

Wir müssen es uns immer wieder klarmachen: Depressionen und Ängste sind Selbstgefühle. Darum sollten wir uns abgewöhnen zu sagen: »Ich habe Angst« oder »Ich habe eine Depression«. So wie wir richtig formulieren: »Ich freue mich« oder »Ich ärgere mich«, heißt es genaugenommen auch: »Ich ängstige mich« oder »Ich deprimiere mich«.

Was immer wir empfinden, fühlen, erleben, es ist stets ein psychisches Tun. Darum sind die Substantiva »Depression«, »Angst«, »Ärger« irreführend. Ich kann eine Depression, die Angst, den Ärger nicht haben, sondern nur selber machen. Ich kann aber ein Auto oder einen Hund besitzen. Aber eine Depression, Angst, Wut kann ich nicht besitzen, sondern muß sie selbst erzeugen. Darum dauert sie auch nur so lange, wie ich sie – wenn auch nicht absichtlich – selber hervorrufe. Wie anders ist die Haltung, ob ich am Morgen aufwache und mir einrede: »Ich habe heute wieder eine Depression«, oder ob ich mir sage: »Ich deprimiere mich heute wieder.«

Wenn wir unsere Gefühle beobachten, dann müssen wir es genau tun und sie richtig beschreiben. Wir dürfen deshalb

90

nicht sagen: »Ich habe Angst«, sondern »Ich mache mir Angst« oder »Ich ängstige mich selbst«, genauso wie wir wissen: »Ich ärgere mich selbst«.

Da eine Wechselbeziehung besteht zwischen dem Selbstgefühl und der emotionalen Einstellung gegenüber den Menschen und Lebenssituationen, habe ich die nachfolgende Checkliste aufgestellt. Mit ihr können Sie überprüfen, ob ein Selbstgefühl oder die entsprechenden Beziehungen verbessert werden sollen. Die Empfehlungen zeigen Ihnen, was Sie in einem solchen Falle tun können. Sie erläutern, worauf es ankommt und was das Ziel ist.

Was Sie im einzelnen tun, um die in der Empfehlung genau beschriebene Haltung zu erreichen, bleibt Ihnen überlassen.

Wenn Sie sich beispielsweise öfter ärgern, werden Sie der Checkliste entnehmen können, daß Ihr Selbstvertrauen im Umgang mit anderen zu schwach ist. Um es zu stärken, ist es nötig, daß Sie von sich mehr Geduld und Verständnisbereitschaft fordern.

Wenn Sie sich außerdem fragen, worin Sie sich speziell schwach oder unsicher fühlen, oder in welcher Situation Sie befürchten zu versagen, dann wissen Sie, was Sie für sich persönlich zu tun haben, um das nötige Selbstvertrauen zu erwerben.

Können Sie zum Beispiel nicht zeichnen, nicht tanzen, nicht singen, nicht schwimmen oder beherrschen Sie eine für Sie wichtige Fremdsprache zu wenig? Oder sind Sie zu bequem, sich regelmäßig körperlich anzustrengen oder Sport zu treiben? Mit solchen Fragen erkennen Sie, worin Sie sich fordern sollen, aber auch, daß Sie sich nicht überfordern sollen, um Ihr Selbstvertrauen zu stärken.

Ich war als Gymnasiast und junger Student außerordentlich gehemmt, wenn ich auch nur in einer kleinen Gruppe ein paar Sätze zu sprechen hatte. Um mir das Selbstvertrauen zu erwerben, begab ich mich zunächst in eine kleine Gruppe, in der ich zu referieren hatte. Dann veranstaltete ich öffentliche Vorträge. Bald waren es im Jahr etwa hundert Vorträge und Vorlesungen, die ich als junger Dozent zu halten hatte. Es machte mir schließlich Freude, und ich erwarb mir ein starkes Selbstvertrauen, auch wenn ich vor vielen Zuhörern sprach.

Durch meine Gehemmtheit fühlte ich mich aber auch unsicher und verlegen, wenn ich mit einer Frau tanzen sollte. Ich nahm einen Tanzkurs, um das schwache Selbstvertrauen zu stärken. Nun konnte ich tanzen, aber Freude hatte ich nicht daran. Immer noch wich ich einer Gelegenheit zum Tanzen lieber aus, als daß ich sie genützt hätte. Aber ich gestand mir ein, daß ich hier immer noch eine Schwäche spürte. Darum ging ich tanzen und wieder tanzen. Sehr schnell fühlte ich mich so frei, so unbekümmert und ausgelassen heiter, daß ich alles tat, was mir einfiel und was der Rhythmus und die körperliche Beweglichkeit hergaben. Zu meinem Erstaunen hieß es dann, ich sei ein guter Tänzer.

# Checkliste für die vier Selbstgefühle

Sie wissen, daß psychoanalytische Behandlungen, ob mit oder ohne Erfolg, meist lange dauern. Darum, weil Ursache in den äußeren Umständen, in den Lebensbedingungen oder in frühkindlichen Erlebnissen gesucht wird. Außer bei extrem belasteten Umweltbedingungen sind die Ursache aber immer wir selbst.

Das, worauf es ankommt, ist ein blitzartiges Ereignis, eine Erleuchtung, ein Erlebnis, bei dem wir über uns selbst »aha« sagen. Darum heißt es »Aha-Erlebnis«. Da es darum geht, daß wir erkennen, welche Rolle wir selbst spielen, möchte ich es als »Aha-Selbsterlebnis« bezeichnen.

Die Gefahr ist groß, daß man sich in psychologischen Unterhaltungen und in Schilderungen von Gefühlssituationen verliert, ohne das Aha-Selbsterlebnis zu suchen.

Viele, die eine solche Selbsterfahrung nötig hätten, sind es gewohnt, die zahlreichen Gelegenheiten zum Aha-Selbsterlebnis zu übersehen. Sie gleichen einem Autofahrer, der im Straßenverkehr alles mögliche beachtet, aber gewohnt ist, ausgerechnet die Verkehrszeichen nicht zu beachten.

Die Gelegenheit zum Aha-Selbsterlebnis bietet sich jedesmal, wenn ich mich selbst ärgere, wenn ich mich selbst ängstige, mich selbst deprimiere, mich unzufrieden, einsam, verlegen, gehemmt oder enttäuscht fühle, also jedesmal, wenn ich in irgendeiner Weise das innere Gleichgewicht verliere.

Wie Sie bereits wissen, haben wir vier normale Selbstgefühle: die Zufriedenheit, die Selbstachtung, das Selbstvertrauen und die innere Freiheit. Wenn ein Selbstgefühl sich nicht im Normalzustand befindet, ist es in zwei Pole gespalten. Auf der einen Seite fühlen wir uns durch die illusionäre Selbstüberbewertung im »Himmel«. Auf der anderen Seite erleben wir die Selbstunterbewertung, die Gehemmtheit, die Depressionen und Ängste, als »Hölle«.

Ich habe die nachfolgende Checkliste als konzentrierte Erfahrung aus Tausenden von funktionspsychologischen Einzeluntersuchungen für Sie zusammengestellt. Wenn Sie diese Liste Wort für Wort genau lesen, erkennen Sie, was für Sie selbst oder für jemanden, dem Sie helfen möchten, zutrifft.

Wenn Sie das Treffende gefunden haben, ist die zugehörige Empfehlung genau das, was zur Verbesserung und Normalisierung des Selbstgefühls und der Beziehungen erreicht werden soll. Die Beschreibung (Diagnose) und die Empfehlung (Therapie) sollen das »Aha-Selbsterlebnis« auslösen.

Das Selbsterlebnis kann uns der beste Freund oder Therapeut nicht abnehmen. Gerade dann aber, wenn wir z. B. bei einer schweren Erkrankung oder in einer lange dauernden Krisensituation durch schwerwiegende Belastungen und Konflikte befangen sind, kann uns jemand, der unser Vertrauen hat, eine große Hilfe sein.

Wenn er die Empfehlung mit uns liest und uns hilft, sie Satz für Satz auf unsere persönliche Situation anzuwenden und richtig zu verstehen, dann kann das Aha-Selbsterlebnis eintreten.

Das Aha-Selbsterlebnis ist nicht bloß ein rationales Wissen (z. B. ich sollte weniger essen, ich sollte mehr Geduld haben), sondern die erlebte Einsicht in die emotionale Rolle, die ich in bestimmten Situationen spiele.

# Prüfen Sie Ihre Zufriedenheit

## 1 a Entfremdung statt Zufriedenheit

Leben Sie in einer Situation, die Sie nicht befriedigt? Fühlen Sie sich in ihr nicht wohl und nicht geborgen?

Empfinden Sie die äußeren Umstände oder besonders die Beziehung zu den nahestehenden Menschen, zum Partner, zu Angehörigen, als befremdend?

Fehlt das Gefühl der Zusammengehörigkeit und vertrauensvollen Verbundenheit gegenüber den Menschen, mit denen Sie leben und arbeiten?

Fühlen Sie sich dadurch innerlich einsam?

Reagieren Sie oft überempfindlich?

Sind Sie rasch ungeduldig und ruhelos?

Möchten Sie eigentlich aus dieser Situation am liebsten weg? Haben Sie das Gefühl, daß Sie durch eine Beziehung leicht in eine unbefriedigende Abhängigkeit geraten könnten?

Möchten Sie immer etwas Nützliches tun?

Wenn Sie finden, daß diese Fragen für Ihre Haltung und Situation im wesentlichen zutreffen, dann sagt Ihnen Ihr Aha-Selbsterlebnis, daß Sie sich selbst entfremden.

Dann lesen Sie die nachfolgende Beschreibung der Situation und die Empfehlung sehr genau und in allen ähnlichen Situationen immer wieder, bis das Aha-Selbsterlebnis eintritt.

Empfehlung: Auch wenn Ihnen die eigenen Interessen und Ihr persönliches Anliegen wichtig sind, sollten Sie die nötige Geduld und Ruhe haben, um genügend auf den anderen einzugehen. Sie sollten sich die Zeit nehmen, um sich so sehr in seine Situation und in seine Gründe zu vertiefen, bis Sie ihn so gut verstehen, als würden Sie an seiner

Stelle stehen. Andernfalls, wenn Sie sein Verhalten und seine Gründe nicht genügend verstehen, ärgern Sie sich. Dann werden Sie unzufrieden und ungeduldig. Sie möchten am liebsten weglaufen, weil Sie sich innerlich entfremdet haben, denn Sie empfinden die Beziehungslosigkeit und Leere als unerträgliche Langeweile.

Um die fehlende Geborgenheit und um die innere Isolation nicht zu spüren, wollen Sie immer etwas unternehmen. Das macht Sie ruhelos, was auch zu körperlichen Beschwerden (z. B. Bluthochdruck) führen kann.

Was Ihnen fehlt, ist das Gefühl der inneren Zugehörigkeit und vertrauten, inneren Verbundenheit. Sie neigen dazu, sich mit allzu großer Empfindlichkeit durch das Verhalten und die Äußerungen des anderen verletzt zu fühlen und sich dann innerlich abzuwenden.

Überprüfen Sie immer wieder, ob Sie sich selbst angemessen und harmonisch in die Situation eingeordnet haben.

Außerdem sollten Sie alles tun, was zur körperlichen Entspannung und zur inneren Gelassenheit führt: Entspannungsübungen, autogenes Training, sich im warmen Wasser tummeln, sich in vermehrtem Maße dem Auskosten von Genüssen hingeben.

Leitsatz:    Ich will den anderen mit liebevoller Geduld verstehen. Ich will die Beziehung selber und aus eigener Initiative so gestalten, daß sie mich befriedigt.

## 1 b Befriedigungs- und Betäubungsbedürfnis statt Zufriedenheit

Haben Sie ein besonders starkes Bedürfnis, in einer solchen Umgebung und Partnerbeziehung zu leben, die Ihnen Ruhe, Geborgenheit und Befriedigung bietet?

Möchten Sie sich vor allem behaglich, zufrieden und zu Hause fühlen können?

Möchten Sie, um sich nicht ärgern zu müssen, möglichst alle Spannungen und Auseinandersetzungen vermeiden? Erwarten Sie von einer Beziehung, daß sie die konfliktfreie Harmonie und Ruhe bietet, die Sie nötig haben und in der Sie sich entspannen können?

Neigen Sie dazu, viel zu essen oder viel Alkohol zu trinken oder viel zu rauchen, um sich zu entspannen und um sich zu verwöhnen?

Wenn Sie finden, daß diese Fragen für Ihre Haltung und Situation im wesentlichen zutreffen, dann sagt Ihnen Ihr Aha-Selbsterlebnis, daß Sie sich betäuben, um der aktiven Auseinandersetzung auszuweichen. Lesen Sie in diesem Fall die nachfolgende Empfehlung sehr genau und in allen ähnlichen Situationen immer wieder, bis das Aha-Selbsterlebnis eintritt.

Empfehlung: Wenn Sie eine bedrückende Stimmung verspüren, ist es in Ihrer Situation vor allem wichtig, daß Sie nicht in der Passivität verharren. Grübeln Sie nicht darüber nach, ob Sie benachteiligt sind, und lassen Sie keine Art von Selbstmitleid aufkommen. Sie sollten auch nicht bloß dem Frieden zuliebe Kompromisse machen. Wichtig für Sie ist, daß Sie unbedingt aktiv sind und die Situation aus eigener Initiative selbst so gestalten, wie Sie sie gerne haben möchten.

# Prüfen Sie Ihre Selbstachtung

## 2 a Bestätigungsbedürfnis statt Selbstachtung

Fühlen Sie sich unter den gegebenen Verhältnissen durch den Druck oder durch Widerstände in Ihren Ansprüchen eingeengt?

Werden Sie nicht angemessen respektiert?

Wird Ihnen nicht die Geltung zuerkannt, die Sie eigentlich verdienen?

Empfinden Sie Ihre Situation als demütigende oder zermürbende Zwangslage oder als Sackgasse?

Möchten Sie den Hindernissen am liebsten ausweichen?

Schieben Sie wichtige Entscheidungen lieber hinaus?

Haben Sie das Gefühl, daß Sie eingeengt sind und in Ihrer Freiheit behindert werden?

Finden Sie es unerträglich, wenn Sie nicht nach freiem Belieben leben und verfügen können?

Wenn Sie finden, daß die Fragen für Ihre Haltung und Situation im wesentlichen zutreffen, dann sagt Ihnen Ihr Aha-Selbsterlebnis, daß Sie sich mit Ihren hohen Ansprüchen selbst behindern. Dann lesen Sie die nachfolgende Empfehlung sehr genau und in allen ähnlichen Situationen immer wieder, bis das Aha-Selbsterlebnis eintritt.

Empfehlung: Vermeiden Sie es, als jemand ganz Besonderer zu gelten oder besonders attraktiv oder besonders intelligent zu erscheinen. Wenn Sie eigenwillige oder überfordernde Ansprüche stellen, stoßen Sie auf Widerstand.

Den Widerstand empfinden Sie als äußeren Druck oder als beengenden Zwang. Die andauernde Gespanntheit kann sich über das vegetative Nervensystem körperlich auswirken, z. B. als Kopf- oder Rückenschmerzen, Magen-, Gallen- und Darmbeschwerden oder als nächtliches Zähneknirschen. Darum sollten Sie all das Bedrückende loslassen können und sich entspannen (z. B. durch volles Atmen und tägliche Entspannungsübungen).

Vermeiden Sie alle Eigenbewertungen (z. B. »Ich bin besser«, »Ich bin jemand Besonderer« oder »Ich bin blöd«), aber auch die Bewertung von anderen.

Dieses Sich-Vergleichen und Rivalisieren wirkt trennend. Zugleich fühlen Sie sich damit aber von der Sympathie und Bestätigung anderer abhängig. Wenn Sie auf diese Weise Ihr »Ich« und alle Vorstellungen, wie Sie sind und wie Sie gerne sein möchten, fallenlassen, dann fühlen Sie sich frei. Das aufwendige Suchen nach Bestätigung fällt weg. Leben Sie nach Ihrer ehrlichen Überzeugung. Dadurch besitzen Sie die nötige Selbstachtung. Sie verschafft Ihnen ein inneres Gleichgewicht.

Leitsatz: Ich stehe zu meiner Überzeugung und handle danach. Darum brauche ich keine Bestätigung von anderen.

## 2 b Geltungsanspruch statt Selbstachtung

Legen Sie besonderen Wert darauf, daß man Ihre Meinung als kompetent respektiert?

Finden Sie, daß Sie den meisten Menschen überlegen sind?

Haben Sie im Vergleich zu anderen eine besonders wichtige Position?

Fühlen Sie sich in bestimmter Hinsicht als maßgebende Autorität?

Besitzen Sie manches, wodurch Sie sich gegenüber anderen als Persönlichkeit besonders auszeichnen?

Finden Sie, es gibt wenig Menschen, die wirklich interessant sind?

Fühlen Sie sich diesen Menschen überlegen?

Wenn Sie finden, daß diese Fragen für Ihre Haltung und Situation im wesentlichen zutreffen, dann sagt Ihnen Ihr Aha-Selbsterlebnis, daß Sie sich mit Ihrem Geltungsanspruch innerlich isolieren und dadurch zuwenig zur emotionalen Kommunikation beitragen. Dann lesen Sie die nachfolgende Empfehlung sehr genau und in allen ähnlichen Situationen immer wieder, bis das Aha-Selbsterlebnis eintritt.

Empfehlung: Vermeiden Sie, daß eine Distanz gegenüber anderen entsteht, die zu einer inneren Isoliertheit führen könnte. Teilen Sie dem anderen Ihre Gefühle mit. Schließen Sie sich auf und kommen Sie dem anderen entgegen. Versuchen Sie den anderen so gründlich zu verstehen, daß Sie seine Eigenart akzeptieren können. Vermeiden Sie es, dem anderen Ihre Überlegenheit zu zeigen.

# Prüfen Sie Ihr Selbstvertrauen

**3 a Streß und Überfordertsein statt Selbstvertrauen**

Ärgern Sie sich fast jeden Tag mehrmals?
Kränkt es Sie, daß Ihr Energieaufwand oft nicht zu dem angemessenen Erfolg führt?
Stehen Sie häufig unter Streß?
Gibt es fast jeden Tag Situationen, die Sie aufregen?
Kommt es fast täglich vor, daß Sie sich über etwas empören?
Schimpfen Sie oder brauchen Sie häufig Kraftausdrücke?

Wenn Sie finden, daß diese Fragen für Ihre Haltung und Situation im wesentlichen zutreffen, dann sagt Ihnen Ihr Aha-Selbsterlebnis, daß Sie sich überfordern und Ihrem Selbstvertrauen zuviel zumuten. Dann lesen Sie die nachfolgende Empfehlung sehr genau und in allen ähnlichen Situationen immer wieder, bis das Aha-Selbsterlebnis eintritt.

Empfehlung: Wenn es Sie ärgert und quält, daß Ihre Absicht und Energie nicht die erwünschte Wirkung hat, wenn es Sie entmutigt und kränkt, daß Sie nicht die Kraft besitzen, um den erwünschten Erfolg zu erreichen, wenn Sie zu wenig Verständnis und keine angemessene Resonanz finden, dann ist es wichtig, daß Sie zunächst eine innere und, wenn nötig, auch eine räumliche Distanz zu der ganzen Angelegenheit schaffen.
Überprüfen Sie, ob die Sache tatsächlich für Sie lebenswichtig ist. In jedem Falle sollten Sie entweder Ihre Absicht oder wenigstens Ihr Vorgehen ändern. Lernen Sie die Verhältnisse oder Gründe besser kennen und stellen Sie sich rich-

tig und angemessen auf die gegebene Situation
ein.

Damit Sie selbst nicht resignieren, sondern Ihr
Selbstvertrauen stärken und Ihre eigene Kraft
spüren, sollen Sie sich erreichbare Leistungsziele
setzen. Es ist nützlich, wenn Sie sich fordern
und täglich anstrengende Kraftübungen ausführen und Sport treiben.

Leitsatz: Ich muß Distanz haben, denn nichts ist wichtiger als mein inneres Gleichgewicht.

## 3 b Provokation und Aggression statt Selbstvertrauen

Ist es Ihnen wichtig, mit dem, was Sie tun, eine starke Wirkung zu erreichen?

Möchten Sie Erfolg haben und damit anderen imponieren?

Finden Sie, daß das, was Sie tun, auch andere begeistern und beeindrucken sollte?

Macht es Ihnen Spaß, andere zu necken und sie zu provozieren?

Kommt es fast täglich vor, daß Sie sich erregen und sich über etwas empören?

Werden Sie in Ihren Äußerungen manchmal laut und heftig?

Wenn Sie finden, daß diese Fragen für Ihre Haltung und Situation im wesentlichen zutreffen, dann sagt Ihnen Ihr Aha-Selbsterlebnis, daß das Selbstvertrauen nicht durch den Beifall der anderen, sondern nur aus der wirklich vollbrachten Leistung entstehen kann. Lesen Sie darum die nachfolgende Empfehlung sehr genau und in allen ähnlichen Situationen immer wieder, bis das Aha-Selbsterlebnis eintritt.

Empfehlung: Wenn es Ihnen besonders wichtig ist, die Intensität, Ihre Stärke und Ihre Wirkung auf andere zu spüren, dann wollen Sie Ihre Potenz und Kraft erleben. Sie brauchen den Erfolg, denn er gibt Ihnen Selbstvertrauen. Sie sollen sich aber nicht aus Angst, etwas zu verpassen oder zu kurz zu kommen, auf Abenteuer und Risiken einlassen. Wichtig für Sie ist, daß Sie zuerst in aller Ruhe und Gelassenheit prüfen, ob sich in diesem Falle der ganze Aufwand wirklich lohnt.

# Prüfen Sie Ihre innere Freiheit

## 4 a Besorgtheit statt innerer Freiheit

Machen Sie sich Sorgen (»Es könnte etwas passieren«, »Ich könnte benachteiligt oder betrogen werden«)?

Äußern Sie Ihre Wünsche häufig deshalb nicht, weil Sie fürchten, sich dadurch unsympathisch zu machen?

Fühlen Sie sich gehemmt, wenn Sie mit Menschen, die Ihnen gefallen, Kontakt aufnehmen möchten, weil Sie befürchten, Sie könnten zurückgewiesen werden?

Sind Sie gegen Kritik empfindlich?

Empfinden Sie Kritik oft als Zurückweisung?

Unterdrücken Sie Kritik, um sich nicht unsympathisch zu machen?

Haben Sie die Befürchtung, Sie könnten Menschen, die Sie besonders lieben, verlieren?

Fühlen Sie sich in einer Situation, die Ihnen nicht vertraut ist, verlegen oder gehemmt?

Machen Sie sich um Ihre Gesundheit Sorgen?

Denken Sie täglich oft ans Geld und an Geldfragen, ohne daß dazu ein wirklicher Grund besteht?

Wenn Sie finden, daß diese Fragen für Ihre Haltung und Situation im wesentlichen zutreffen, dann sagt Ihnen Ihr Aha-Selbsterlebnis, daß Sie sich aus Angst vor Verlorenheit und aus Unsicherheit übermäßig Sorgen machen und dadurch keine innere Freiheit erlangen. Lesen Sie darum die nachfolgenden Empfehlungen sehr genau und in ähnlichen Situationen immer wieder, bis das Aha-Selbsterlebnis eintritt.

Empfehlung: 1. Vermeiden Sie es unbedingt, über Vergangenes oder über künftige Möglichkeiten nachzugrübeln. Bemühen Sie sich ständig, in der wirklichen Gegenwart zu leben. Nehmen Sie mit wacher Aufmerksamkeit alle Sinneseindrücke wahr, und gehen Sie unmittelbar auf das ein, was Sie jetzt gerade, gegenwärtig erleben. Machen Sie das Beste aus dieser Gegenwart. Tun Sie alles, was möglich ist, damit die Situation jetzt gut und erfreulich ist. Aus einer guten Gegenwart gestalten Sie die bestmögliche Zukunft.

2. Bewerten Sie etwas nicht als negativ, unangenehm, unsympathisch, schlecht usw., nur weil es anders ist, als Sie es erwarten.

3. Durch wachsames Beobachten und aufmerksames Verstehen des anderen und der Situation finden Sie die Sicherheit, die Sie suchen: die Selbstsicherheit. Dadurch fühlen Sie sich innerlich frei und heiter. Es tut Ihnen gut, wenn Sie mit anderen Kontakt haben und unbekümmert und ungehemmt spielerisch tun, was Freude bereitet.

Leitsatz: Weitaus am wichtigsten für mich ist der gegenwärtige Augenblick. Ich erlebe ihn mit wacher Aufmerksamkeit, ohne etwas negativ zu bewerten. Ich bin innerlich frei und unabhängig.

## 4 b Flucht statt innerer Freiheit

Haben Sie das Bedürfnis, sich von einer bedrückenden Situation zu befreien?

Haben Sie in Ihrem Leben Verhältnisse oder eine Beziehung erlebt, die für Sie eine starke und schwer zu ertragende Belastung waren?

Legen Sie großen Wert darauf, möglichst unbehindert und unabhängig zu sein, um das erleben zu können, was Ihnen Freude macht?

Macht Ihnen Flirten Spaß?

Finden Sie, daß jede Liebesbeziehung eine Bereicherung ist?

Erwarten Sie, daß sich für Sie in Zukunft neue und bessere Möglichkeiten bieten werden?

Wenn Sie finden, daß diese Fragen für Ihre Haltung und Situation im wesentlichen zutreffen, dann sagt Ihnen Ihr Aha-Selbsterlebnis, daß Sie nicht die innere Freiheit haben, um das Vorhandene als das akzeptieren zu können, was es ist. Dann lesen Sie die Empfehlung sehr genau und in allen ähnlichen Situationen immer wieder, bis das Aha-Selbsterlebnis eintritt.

Empfehlung: Sie sollten sich kritisch fragen, inwiefern Sie Erwartungen haben, die in Wirklichkeit nur illusionäre Hoffnungen sind. Prüfen Sie, ob Sie sich solche Hoffnungen machen, weil Sie sich Wünsche ausdenken, statt kritisch alle Gesichtspunkte zu beachten und sich die nüchterne Meinung kritischer Vertrauenspersonen anzuhören. Versuchen Sie, Menschen und Situationen einfach als das zu nehmen, was sie sind, und vermeiden Sie Werturteile. Damit erlangen Sie Ihre innere Freiheit. Dann machen Sie sich keine Illusionen und können auch nicht enttäuscht werden.

# II. Teil

# Die andere Wirklichkeit

Es geschieht nicht so häufig, daß ein Buch weitergelesen oder gar zu Ende gelesen wird. Ihr Interesse zeigt mir, daß Ihre eigenen Gedanken mit meinen Erfahrungen anscheinend weitgehend übereinstimmen.

Das ist natürlich erfreulich, und ich möchte Ihnen dafür danken, daß Sie bereit sind, nun die anderen Aspekte der Wirklichkeit kennenzulernen.

Mit dem Teppich-Gleichnis von Kette und Schuß sollten Sie schon gleich zu Anfang mit der Einsicht vertraut werden, daß wir die Wirklichkeit unter zwei gegensätzlichen Aspekten sehen. Beide ergänzen sich. Nur beide zusammen: Realität und

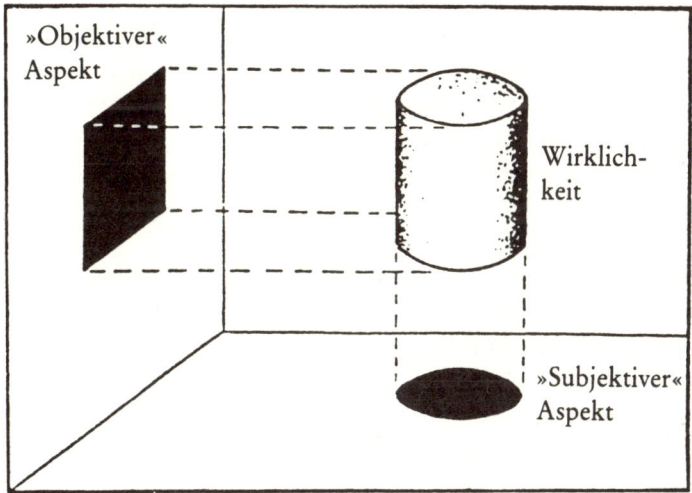

Idealität, Zweck und Sinn oder der objektive und der subjektive Aspekt, führen zur Wirklichkeit.

Wie gegensätzlich die Wirklichkeit unter zwei Aspekten gesehen werden kann, macht das Bild auf Seite 109 deutlich.

Betrachtet oder beleuchtet man den zylindrischen Körper in horizontaler Richtung, erscheint er als Rechteck. In vertikaler Richtung hält man ihn für einen Kreis.

Haben wir die Intelligenz, die Wirklichkeit unter beiden Aspekten (Kreis und Rechteck) zu sehen?

Besitzen wir die Weisheit, aufgrund der beiden gegensätzlichen Aspekte die Wirklichkeit (den Zylinder) zu erkennen und zu verstehen?

## Die objektive und die subjektive Wahrheit

Wir alle haben die Schule durchlaufen und hier Physik, Chemie, Biologie und Mathematik als die objektiv gültigen Wahrheiten kennengelernt. Ebensowenig haben wir an der Richtigkeit der Geographie, Geologie oder an der Richtigkeit der Grammatik gezweifelt.

Alles, die physikalischen Gesetze ebenso wie die Literaturgeschichte, hatten wir auswendig zu lernen, um bei der Prüfung zu zeigen, ob wir das Richtige wußten. Das Richtige galt als das Wahre. Das Wissen über die Beschaffenheit der Objekte galt nicht nur als Wissenschaft, sondern auch als die Wahrheit.

Die Irreführung durch Schule, Studium und unsere naturwissenschaftlich-technisch orientierte Zivilisation besteht darin, daß das Wissen über die materiellen Objekte als die objektive Wahrheit und als die einzige und ganze Wahrheit hingestellt wird.

Die objektive Wahrheit ist aber nur der eine Aspekt der ganzen Wirklichkeit.

Durch unser Urteil unterteilen wir die Einheit der Wirklichkeit zum Beispiel in Raum und Zeit oder in Subjekt und Objekt. In Wirklichkeit gibt es aber das eine nie ohne das andere. Darum gibt es auch kein Objekt ohne Subjekt.

Jeder Aspekt, den wir von der Ganzheit der Wirklichkeit haben, der subjektive und der objektive, besitzt seine eigene Wahrheit.

Welche Wahrheit meint Camus, wenn er von Galilei sagt, daß er »eine schwerwiegende wissenschaftliche Antwort besaß«, aber »diese Wahrheit war den Scheiterhaufen nicht wert.« Damit meint er die Wahrheit der naturwissenschaftlichen Erkenntnis, die wir gewohnt sind, als die »objektive Wahrheit« zu bezeichnen.

Der objektiven Wahrheit steht eine andere gegenüber, die subjektive Wahrheit. Unter dem objektiven, naturwissenschaftlichen Aspekt wird die Wirklichkeit quantitativ nach Zeit und Raum gemessen und beurteilt.

Müssen Zeit und Raum nicht auch unter dem subjektiven, unter dem qualitativen, psychologischen Aspekt beurteilt werden? Dieser radikal andere Aspekt führt zu radikal anderen Einsichten.

## Die Psychologie und die Naturwissenschaft

Die Gliederung der Wirklichkeit in Subjekt und Objekt hilft uns zu unterscheiden, was die Aufgabe der Psychologie und was die Aufgabe der Naturwissenschaft ist.

Aufgabe der Naturwissenschaft ist es, die Objekte zu beobachten, zu analysieren, zu messen, zu definieren, also ihre Beschaffenheit immer besser zu erkennen. Die Frage nach dem Sinn hingegen gehört nicht zu den Aufgaben der Naturwissenschaft und kann von ihr auch nicht beantwortet werden.

Die Unwissenheit über die Rollenteilung zwischen der subjektbezogenen Psychologie und der objektbezogenen Naturwissenschaft hat, zusammen mit der Überschätzung der naturwissenschaftlichen und technologischen Erfolge, in der Gegenwart generell zu einer Unterschätzung und Entwertung des Subjekts geführt. Mit dieser Entwertung wird das Subjekt, die Seele, »das moralische Gesetz in mir«, das nach Sinn und Harmonie strebende Wesen des Menschen, zur frustrierenden Sinnlosigkeit degradiert.

Weil das Subjekt, die Seele, kein naturwissenschaftlich quantitativ meßbares Objekt ist und weil nur das materielle Objekt für Realität gehalten wird, und besonders, weil objektiv mit »wirklich wahr« gleichgesetzt wird, wurde das Subjekt zur Illusion deklassiert. Damit ist das Streben des Subjekts nach sinnvoller Harmonie entwertet worden. Man hat dem modernen Menschen ein sinnentleertes Weltbild eingeredet. Weil ein sinnloses Leben unerträglich ist, verfiel er dem Irrtum, die raffinierten modernen Technologien, die wirtschaftliche Umsatzsteigerung, eine rücksichtslose Ausnutzung der Natur und das materialistische Konsumieren oder der Profit und die merkantile Übervorteilung der anderen könnten seinem Leben Sinn und Inhalt geben.

Konrad Lorenz, als philosophisch denkender Naturwissenschaftler, hat gleiche Erkenntnisse im Vorwort zu V. E. Frankls »Der Mensch vor der Frage nach dem Sinn« treffend formuliert:

»Eine zweite Wurzel der Sinnentleerung unserer Welt besteht in ihrer Ent-Wertung. Die Macht, die der Menschheit aus den sogenannten exakten Naturwissenschaften und damit letzten Endes aus analytischer Mathematik erwuchs, läßt die Menschheit diese Wissensquellen über- und alle anderen unterschätzen. Ein echter Massenwahn der heutigen Menschheit besteht in dem Irrglauben, es habe nur dasjenige reale Existenz, was sich in der Sprache der exakten Naturwissenschaften ausdrücken und quantifizierend beweisen läßt. Damit wird die ganze Welt der Emotionen, werden menschliche Würde und Freiheit, kurzum alles, was einen wirklichen Wert darstellt, für Illusion erklärt.«

In der Zeitschrift »Spiegel« (Nr. 47/1980) sagt Konrad Lorenz noch eindringlicher, wohin uns die dogmatische Naturwissenschaft durch ihre Verleugnung des Subjekts als Seele geführt hat: »Der infolge des ›technomorphen Denkens‹ auftretende Irrglaube, daß nur physikalisch-chemisch Definierbares und quantitativ Verifizierbares reale Existenz habe, führt zu einer bedrohlichen Entmenschung des Verhaltens moderner Zivilisationsmenschen zu allem Lebendigen. Auch dieses wird ›technomorph‹ behandelt, nicht anders als eine Maschine. Seelisches wird grundsätzlich für irreal und damit für vernachlässigenswert erachtet.«

Weil der Mensch vielfach nur als Objekt beurteilt wird, ist eine seelenlose Einstellung im Umgang mit den Mitmenschen entstanden. Da man auf den eigenen Vorteil aus ist, manipuliert man den Mitmenschen wie einen Mechanismus. Statt einer echten seelischen Erziehung wird das Kind mit Verwöhnungen oder Drohungen manipuliert. Statt ein beruflich verantwortungsfreudiges Arbeitsteam anzustreben, versucht man die Mitarbeiter durch profit- und prämiengeschmierte Manipulationen zu motivieren.

Wie sind wir in die kulturelle Banalität, Verrohung und Kriminalität, also in den Verlust einer ethischen Überzeugung, geraten? Liegt die Ursache in dem, was Konrad Lorenz, einer der großen Naturforscher unserer Zeit, als »Irrglauben« bezeichnet? Wo hat das Umdenken stattgefunden, das dem Menschen sein subjektives sinnvolles Tun ausgeredet und ihm ein objektives, rein naturwissenschaftlich bestimmbares, rein kausales, den Triebkräften unterworfenes Leben eingeredet hat?

Die von Freud geprägte Psychoanalyse, die das Denken breiter Kreise beeinflußt, kann daran maßgebend mitschuldig sein. Für sie ist der Mensch ein Objekt, das nur versucht, zwischen »Trieb- und Abwehrmechanismen« sein »Lust-Prinzip« zu befriedigen. Eine solche, absichtlich als deterministischer Mechanismus konzipierte »naturwissenschaftliche Psychologie« ignoriert das Subjekt. Sie nimmt ihm seine Selbständigkeit, seine Selbstverantwortung, sein am Sinn orientiertes Gewissen und vor allem sein existentielles Motiv: Sein Streben nach Sinn und Harmonie.

Durch den überragenden Einfluß Sigmund Freuds, der der Philosophie abgeneigt war, ist eine sich naturwissenschaftlich gebende, psychologische Ideologie entstanden. Daß die fragwürdigen Begriffe der Psychoanalyse hypothetische Konstruktionen und keine Naturwissenschaft sind, wird zwar kaum mehr bestritten; dennoch, gerade mit diesen ideologischen Konstruktionen beansprucht der naturwissenschaftlich fixierte Psychologe oder Mediziner eine Kompetenz in der Wissenschaft von der Seele, obwohl er in diesem Bereich Laie ist.

Jede auf einseitig naturwissenschaftlichen Gesichtspunkten beharrende Medizin vernachlässigt das menschliche Subjekt, die Seele. Sie behandelt nur das Objekt, nur das Symptom, statt den kranken Menschen. Sie übersieht die Ursache: das kranke Ich. Sie versucht, eine Migräne oder eine Depression, eine Verstopfung oder Schlaflosigkeit ausschließlich mit Medikamenten zu beseitigen.

Statt nur die Symptome, die als Alarmzeichen auftreten, zum Schweigen zu bringen, muß aber das Ich des Menschen und seine Konstitution geheilt werden. Nur die »ganzheitliche« Medizin kann ihn von seinen sinnwidrigen, kränkenden und krankmachenden Beziehungen befreien, indem sie ihn zu einer sinnvollen, harmonischen Einstellung führt.

Auch eine Psychiatrie, die nur Krankheitssymptome naturwissenschaftlich objektiv beschreibt und klassifiziert, die aber die Funktionalität und das Harmoniestreben der Seele nicht versteht, bietet keine sinn-orientierte Therapie.

Es gehört zur Tragik unserer Kultur, daß die naturwissenschaftliche Psychologie und Psychiatrie, die unser soziales und geistiges Leben tausendfach beeinflussen, die Seele in ihrem Streben nach dem harmonischen Gleichgewicht nicht verstehen.

Psychiatrie und Psychologie erwähnen die Seele deshalb nicht, weil sie sie nicht kennen. Ihre beschreibenden Diagnosen und die fragwürdigen Klassifizierungsetiketten erklären nicht die Ursache der Konflikte. Unter den psychiatrischen Sammelbegriff »Depression« fällt z. B., wenn jemand aus Trotz Selbstmordgedanken hat, aber auch, wenn jemand einen geliebten Menschen verloren hat, aber auch, wenn jemand von seinem sinnlosen Leben enttäuscht ist, aber auch, wenn sich jemand von eingebildeten Sorgen und Pflichten erschöpft fühlt, und schließlich auch, wenn Stoffwechselstörungen eine depressive Stimmung verursachen.

Die Psychosomatik versucht zwar, die seelische Ursache von Organbeschwerden zu erkennen, doch solange sie das körperliche Geschehen bloß als Darstellung von Triebkräften (Sexualtriebe und Ich-Triebe oder Animus und Anima oder Eltern-Ich und Kind-Ich) deutet, so lange bleibt die Psychosomatik ein unreifes Stiefkind der Medizin. Die Psychosomatik muß den Konflikt erkennen zwischen dem stets gesunden Subjekt, das nach Harmonie strebt, und dem Ich, das krank ist. Es ist deshalb krank, weil es einen Irrweg verfolgt, welcher der echten Harmonie widerspricht.

115

Nach all den fruchtlosen Versuchen der einseitig objektivistischen Psychiatrie und Psychologie, die das Subjekt ignorieren, sollte das Verständnis für das Subjekt, für die Seele, allmählich durchbrechen. Das Subjekt des Menschen strebt nach dem harmonischen Gleichgewicht.

Darum stellt die Funktionspsychologie folgende Grundforderung an jede diagnostische Beurteilung einer psychischen Störung:

*Eine echte, also verstehende Diagnose einer psychischen Störung hat zu erklären, wie das Subjekt versucht, mit einer bestimmten, aber konfliktverursachenden Gegenregulation sein Gleichgewicht zurückzugewinnen.*

## Was ist das Subjekt? »Das unpersönliche Ich«

Hermann Hesse* weist in der folgenden Briefstelle eindringlich darauf hin, daß das Subjekt, das wir als Seele, als Regulationssystem verstehen, nicht mit dem Ich-Bild, dem Alltags-Ich, verwechselt werden darf. Er schreibt:

»Unser subjektives, empirisches, individuelles Ich, wenn wir es ein wenig beobachten, zeigt sich als sehr wechselnd, launisch, sehr abhängig von außen, Einflüssen sehr ausgesetzt... Dann ist aber das andere Ich da, im ersten Ich verborgen, mit ihm vermischt, keineswegs aber mit ihm zu verwechseln. Dies zweite, hohe, heilige Ich (der Atman der Inder, den sie dem Brahma gleichstellen) ist nicht persönlich, sondern ist unser Anteil an Gott, am Leben, am Ganzen, am Un- und Überpersönlichen. Diesem Ich nachzugehen und zu folgen, lohnt sich schon eher, nur ist es schwer, dies ewige Ich ist still und geduldig, während das andere Ich so laut und ungeduldig ist.«

* (ausgewählte Briefe Nr. 100, Suhrkamp-Taschenbuch 240)

Um Verwechslungen zu vermeiden, werden wir das Subjekt nie als Ich bezeichnen und auch streng von all den fiktiven Ich-Bildern, die man sich von sich selbst macht, trennen.

Wegen dieser Verwechslung hat die dogmatische Richtung der Naturwissenschaft das Subjekt als »nur subjektiv« verächtlich gemacht, statt nur die fiktiven Ich-Bilder in Frage zu stellen. Es ist mir ein wichtiges Anliegen, daß wir dem Subjekt seinen Wert zuerkennen und ihm seine Würde zurückgeben; denn das menschliche Subjekt will sinnvoll leben. Es will eine sinngemäße Ordnung und Harmonie. Damit ist es Glied des Kosmos. Darum ist das Subjekt »unser Anteil an Gott«, wie Hermann Hesse es formuliert.

Wer in der Harmonie das Göttliche sieht, versteht, daß es nach dem Markus-Evangelium für die Seele (das Subjekt) »das vornehmste Gebot« ist, Gott zu lieben, oder funktionspsychologisch gesagt: die Harmonie zu wollen.

Markus Kapitel 12, Vers 30: »Und Du sollst Gott Deinen Herrn lieben von ganzem Herzen, von ganzer Seele, von ganzem Gemüte und von all Deinen Kräften. Das ist das vornehmste Gebot.«

»Gott« steht für ordnende Harmonie. »Dein Herr« bedeutet: dein Gewissen. Das Gewissen ist tatsächlich – wie wir gesehen haben – das unbedingte Wissen um die sinn-gemäße Ordnung und Harmonie.

Gleich anschließend im Vers 31 fährt Markus fort: »Und das andere, ist ihm gleich: ›Du sollst Deinen Nächsten lieben wie Dich selbst‹.«

Subjekt sein bedeutet »Harmonie wollen«. Dieses heißt »lieben«. Darum bedeutet das Gebot: Wenn du liebst, verstehst du deinen Nächsten als Subjekt, das wie du selbst auch Harmonie will. Sein Subjekt ist ebenso wie meines »Anteil an Gott«, ist ebenso Wille zur Harmonie.

117

Was also ist das Subjekt?

Es ist im Gegensatz zum Ich nie Objekt. Das Subjekt ist das subiectum, das Darunter-Liegende. Es liegt dem, was wir uns als Ich, genauer: als Ich-Bilder, vorstellen, zugrunde. Das Subjekt ist das Lebende, sich spontan Bewegende, das steuernde Tun.

Es ist mit der Bewegung eines Filmes vergleichbar. Die einzelnen Bilder hingegen, aus denen der Film zusammengesetzt ist, zeigen die Ich-Bilder, die man sich von sich selbst macht. Diese persönlichen Ich-Bilder entstammen der Vorstellung und sind Erinnerungen.

Als Subjekt existieren wir als Teil der Welt und nach ihrer Ordnung. Als Subjekt sind wir Glied der kosmischen Harmonie. Darum ist das Harmonie-Wollen das Wesen des Subjekts.

Das sind keine irrealen Spekulationen; denn jeder weiß, daß er die kosmische Ordnung in den Naturgesetzen der Physik, Chemie, Biologie, Physiologie von Geburt bis Tod unabänderlich mitvollzieht.

Gilt das nur für die materielle Erscheinung des Subjekts, nur für unseren Körper? Oder gilt es auch für seine geistigen Äußerungen? Wie verhält sich das Subjekt im Denken, im Erleben, kurz: in all den abstrakten Urteilsfunktionen?

Gerade deshalb, weil das Subjekt nach Harmonie strebt, entwickelt es Geist und Verstand. Es braucht ihn, um in der Vielzahl von Sinnesreizen, um in der chaotischen Vielfalt die Ordnung und Einheit: um die Harmonie zu erkennen. Gerade die Vernunft bringt das Verständnis für die Harmonie in die chaotische Vielfalt der Sinnesreize.

Immanuel Kant (1724–1804), das analytische Genie der abendländischen Philosophie, hat in seinem Hauptwerk »Die Kritik der reinen Vernunft« (1781) untersucht, wie die chaotischen

Sinnesreize vom Verstand ausgewählt und dann zu den harmonischen Beziehungen geordnet werden, die wir als Vernunft bezeichnen. Nach Kant sind Raum und Zeit keine wahrgenommenen Dinge. Der Verstand ordnet die Vielfalt der Empfindungen in räumliche oder zeitliche Wahrnehmungen.

Die beiden Formen der Wahrnehmung, Raum und Zeit, sind Voraussetzung für jede geordnete Erfahrung. Dies gilt »a priori«, also von vornherein und unter allen Umständen, genauso wie auch die Gesetze der Mathematik unter allen Umständen gelten.

Der Verstand ordnet die Erfahrungen mit Begriffen wie zum Beispiel Einheit und Vielheit oder wie Ursache und Wirkung oder wie Möglichkeit und Notwendigkeit. Dieses Ordnen der Erfahrungen in gegensätzliche, sich harmonisch ergänzende Kategorien ist nach Kant das, was unser Verstand tut.

Warum also entwickeln wir Menschen unseren Verstand? Wozu brauchen wir ihn?

Weil wir nach Harmonie streben. Wir wollen die harmonische Ordnung der Wirklichkeit erkennen. Wir wollen die Beziehung von Raum und Zeit oder die Beziehung von Subjekt und Objekt, also letztlich die Harmonie der Gegensätze verstehen. Sie ist als »Coincidentia oppositorum« (als Ergänzung durch Gegensätze) bereits von Nicolaus Cusanus (1401–1464) erkannt und erläutert worden.

Stellvertretend für viele andere möchte ich noch einen weiteren tiefgründigen Denker, Spinoza (1632–1677), zitieren. Er sagt in »Die Vervollkommnung des Verstandes«: »Als höchstes Gut gilt aber eine Geistesverfassung ..., die die Erkenntnisse der Einheit, in der sich die Seele mit der ganzen Natur zusammenschließt, vermittelt. Je mehr der Verstand erkennt, um so besser begreift er die eigenen Kräfte und die Ordnung der Natur.«

Nachdem wir abstrakte Denker befragt haben, wozu das Subjekt den Geist und Verstand braucht, wäre es aufschlußreich, vom Subjekt eines Nicht-Denkers, eines Säuglings, zu erfahren, was sein Schreien, sein Strampeln, sein Festhalten bezweckt. Er kann es uns nicht erklären. Aber sie scheinen Ausdruck der Hilflosigkeit, Unsicherheit und oft der Angst und Verzweiflung zu sein. Warum? Weil ihm die Hilfsmittel zum Umgang mit der Welt, weil ihm Verstand, Sprache und körperliche Geschicklichkeit fehlen. Sein Schreien, Strampeln, seine Anklammerung sind instinktive Versuche, zur Umwelt eine Beziehung herzustellen, die ihm Sicherheit und Befriedigung gewährt und ihm eine geordnete Harmonie gewährleistet.

Jedes Subjekt will durch den Instinkt oder durch den Verstand dasselbe wie sein in der kosmischen Natur eingeordneter Körper: der ordnenden Harmonie entsprechen.

Wer irgend etwas, wer auch nur einen kleinen Bruchteil der ganzen Wirklichkeit, wer nur einen Satz, nur eine Geste verständlich findet, anerkennt dadurch, daß die rätselhafte Wirklichkeit als ein Gefüge von Beziehungen, als Ordnungsgefüge, d. h. als Harmonie besteht. *Dieses Wissen von der Ordnung und Harmonie ist das Wissen vom Sinn.*

Dieses Wissen, daß jedes Subjekt stets nur Harmonie wollen kann, ist die Voraussetzung für jedes psychologische Verstehen. Es ist die Voraussetzung für jede verstehende Diagnose (im Gegensatz zu den bloß beschreibenden und benennenden Diagnosen). Insbesondere ist es aber die Voraussetzung für jede Pädagogik und Psychotherapie.

## Das Subjekt als Individuum
## oder warum das Individuum kein Körper ist

Ich möchte an einigen Beispielen zeigen, daß Subjekt der Name für die Selbststeuerung ist.

Wenn ein Mann und eine Frau zusammen Kinder haben, heißen sie Eltern. Eltern erziehen ihre Kinder. Das setzt voraus, daß Mann und Frau darin zur Übereinstimmung, zur Harmonie der Meinungen kommen, wie die Kinder zu erziehen sind. Nicht die Mutter oder der Vater als Einzelperson, sondern die gemeinsame Absicht, die steuernde Funktion, die sie durch ihre Übereinstimmung, durch ihren Handlungskonsens gefunden haben, das macht sie zu echten Eltern. Als Eltern bilden sie zusammen das steuernde Subjekt, als solches sind sie ungeteilt, also Individuum. Nur Körperhaftes, nur Konkretes ist teilbar. Un-teilbar, also In-dividuum ist nicht das Körperhafte, sondern die steuernde Funktion.

So wie nur Vater und Mutter zusammen Eltern sein können, so ist auch bei jedem Aufsichtsrat, jedem Organisationskomitee und jedem Beratungsausschuß nie ein einzelnes Mitglied beschluß- und funktionsfähig. Die erforderliche Mehrheit bildet das funktionsfähige Subjekt, also dasjenige Subjekt, das die Entscheidungen trifft. Nicht die einzelnen Körper der Mitglieder, sondern die Übereinstimmung der Meinungen, der Konsens, ist das ungeteilte Individuum.

Die moderne Mikrobiologie ist in der Lage, gewisse Zellen zu öffnen und die Zellkerne von verschiedenartigen Individuen einzupflanzen. In den Fällen, wo die Zellkerne miteinander verschmelzen, verbinden sich zwei Individuen zu einem neuartigen Individuum (z. B. die Tomaten-Kartoffel). Auch hier ist nicht der konkrete Zellkern, sondern die Steuerungsfunktion das unteilbare Individuum.

Ob Beratungsausschuß, ob Eltern, ob eine Verschmelzung von verschiedenartigen Zellkernen oder ein einzelner Mensch, immer ist es die Selbststeuerung, die das Subjekt ausmacht. Daher: Die Selbststeuerung kann gleichbedeutend Subjekt oder individuelle Seele heißen.

# Das Individuum und die Unsterblichkeit

Das Subjekt funktioniert so lange als Individuum, wie es sein selbststeuerndes System aufrechterhält. Übernimmt ein anderes System die Funktion, so entsteht ein neues Individuum.

Der Begriff Individuum bedeutet: selbststeuerndes Funktions-Subjekt. Er darf unter keinen Umständen zu einem Objekt umgedeutet werden. Andernfalls verfällt man einem Irrtum: Man zieht den falschen Schluß, dieses zum Objekt verfälschte Individuum sei ebenfalls »unteilbar«, also unzerstörbar, so daß es ewig leben soll. Dieser Fehlschluß unterstützt den Wunsch und Glauben, das Individuum, die Seele, sei unsterblich.

All die Menschen, die den Wunsch haben oder den Anspruch stellen, ihren Tod zu überleben, werden es schwer haben, sich mit dieser Einsicht abzufinden; denn sie möchten an den Erfahrungen und Erinnerungen festhalten, die sie mit ihrem Ich-Bild verknüpfen. Sie stellen den egozentrischen Anspruch, an ihrem »Ich« wie an einem unvergänglichen Besitz festhalten zu können.

Mit dem Fehlschluß, das Individuum als Funktions-Subjekt sei ein unteilbares, unsterbliches Objekt, rechtfertigen sie ihre spekulativen Wünsche. Sie glauben entweder an ein Weiterleben in einem »Jenseits« oder an eine »Wiedergeburt«. Viele hoffen, daß ihr Ich wenigstens durch die Zeugung eines Nachkommen irgendwie weiterlebe.

## Das Wissen vom Sinn als Gewissen und Gesinnung

Der Mensch ist das Wesen, das sein Tun bewertet, bejaht oder verneint, also lenkt. Lenkt er seine Handlungen nach seinem Sinnverständnis, nach seinem »besten Wissen«, dann handelt er nach seinem Ge-wissen: Ob einer seine Handlungen nach seinem Sinnverständnis, nach seinem »besten Wissen und Gewissen« richtet, das ist seine Ge-sinn-ung.

Für jeden Menschen ist das, was nach seinem Wissen und seiner Überzeugung als Realität gilt, unbedingt maßgebend. Dieser unbedingte Maßstab, das Gewissen, bestimmt, was ich tun soll. Wenn das, was ich tun will und das, was ich nach meiner Überzeugung tun soll sich widersprechen, dann habe ich ein »schlechtes Gewissen«. Darum handelt jeder gegen seine eigene Überzeugung, wenn er der Harmonie von Wollen und Sollen, also von zweckhaftem Eigennutz und harmonischem Sinnverständnis, von »Trieb und Geist« zuwiderhandelt, wenn er sich also sinn-widrig verhält.

Wer sich sinnwidrig verhält, wer gegen seine Überzeugung handelt, muß sich kritisch beurteilen oder verurteilen. Weil sich kein Mensch dieser Selbstkritik, d. h. dem Urteil seines Gewissens, den »Gewissensbissen«, entziehen kann, darum gehört die Gesinnung, die Orientierung am Sinn, zum Wesen des Menschen.

Weil das Wissen vom Sinn ein existentielles Lebensbedürfnis ist, gibt es offensichtlich keine stärkere menschliche Motivation als die, nach der eigenen Überzeugung, nach dem eigenen Wissen vom Sinn, also nach dem eigenen Ge-Wissen zu handeln.

Das Subjekt als Steuerkompaß, das die unbedingte harmonische Ordnung will, ist der Grund dafür, daß wir ein unerbittliches Gewissen spüren und daß wir Gewissensbisse haben, wenn wir vom Kurs der Harmonie abweichen.

(Das echte Gewissen ist der Psychoanalyse nicht bekannt. Darum glaubt sie, der Grund für das »Gewissen«, für das »Über-Ich«, liege in der fragwürdigen väterlichen Autorität oder Morallehre.)

Das Gewissen registriert, ob das, was ich will, von dem, was ich soll, abweicht. Spürt das Gewissen eine Abweichung, zum Beispiel, daß ich mich durch Angeberei überbewerte, dann korrigiert es die Übertreibung. Sie äußert sich darin, daß ich fürchte, meine Prahlerei könne entdeckt werden. Die Prahlerei erzeugt Unsicherheit.

Die unbedingte Strenge, mit der das Gewissen stets den funktionalen Ausgleich fordert, beweist die Gesetzmäßigkeit der Funktionalität.

Auf die Frage, was denn die Ursache und was das vehemente Motiv für das Streben nach dem harmonischen Ausgleich sei, lautet die Antwort: das Gewissen. Es wird nur selten, nur als schlechtes Gewissen, bewußt wahrgenommen, dennoch ist es unser ständiges Regulationssystem.

Mit dem Gewissen ist hier nicht der Inhalt irgendeiner Morallehre gemeint, sondern das Regulationssystem, das nach dem harmonischen Ausgleich in allen Bereichen und allen Lebenslagen strebt. Dem Gewissen geht es um nichts weniger als um die Harmonie des inneren Gleichgewichts.

Die gewohnte Haltung, die ein Mensch gegenüber sich und gegenüber anderen einnimmt, also die Art, wie er sich am Sinn orientiert, ist seine Ge-sinnung. Die Gesinnung gegenüber sich und der Welt macht die »Identität« seiner Persönlichkeit aus. Identität ist der moderne Begriff für Gesinnung. Wer aber die Orientierung am Sinn und das Gewissen als Gesinnungswächter dauernd ignoriert, kann die Sinn-Leere und den Mangel an »Identität« oder an Persönlichkeit in keinem Fall in irgendeiner Weise ersetzen, weder durch die Befriedigung von Kontakt- oder Konsumbedürfnissen noch durch sexuelle Betäubung, weder durch Selbstbestätigung mit Besitz, noch durch gesellschaftliches Prestige.

## Wünsche sind unechte »Ideale«

Die Aufgabe, vom Drehpunkt aus sinngemäß zu steuern, also der Wirklichkeit sinn-voll zu entsprechen, ist ein Ideal. Es darf nicht verwechselt werden mit den Wünschen zur Befriedigung eigener Vorteile. Das sind Wünsche, aber keine Ideale.

Wenn einer sagt: »Mein Ideal ist, so viel zu verdienen, daß ich mit fünfzig nicht mehr arbeiten muß«, dann ist das ein Wunsch. Solche Wunsch-»Ideale« stehen zu den echten Idealen eher im Widerspruch.

Die katastrophale Verwechslung von echten Idealen, wie zum Beispiel Liebe, Wahrhaftigkeit, Gerechtigkeit, verständnisvolle Toleranz, mit den unechten Zweck-»Idealen«, also den Wünschen, den egoistischen Interessen und Ideologien, hat die Menschheitsgeschichte gebrandmarkt.

Die Zweck-»Ideale«, die Ideologien, erzeugen eine Flut von Intoleranz. Sie reicht vom alltäglichen persönlichen Meinungszwist bis zu den verheerenden religiösen und politischen Ideologiekämpfen ganzer Nationen.

# Die objektive und die subjektive Zeit
## oder: Die Kunst, in der Gegenwart zu leben

Die Naturwissenschaft mißt die Zeit quantitativ in Stunden, in Milli-Sekunden, in Lichtjahren. Im Rennsport kann eine hundertstel Sekunde entscheiden, wer Sieger ist.

Wenn es bei dieser Art der Zeitmessung überhaupt eine Gegenwart gibt, dann würde sie weniger als eine hundertstel Sekunde dauern.

Verschiedenartige experimentelle Untersuchungen am Institut für medizinische Psychologie der Universität München haben ergeben, daß die Aufmerksamkeit für einen »Reiz«, etwa für die Länge einer Verszeile oder den Abschnitt einer Melodie, jeweils zwei bis drei Sekunden dauern kann.

Ist das die Dauer der Gegenwart?

Wer von sich und seinem Partner sagen kann: »Wir lieben uns, seit wir uns kennengelernt haben«, dessen Liebe ist dauernde Gegenwart. Diese Gegenwart kann Jahrzehnte umfassen.

Die objektive Zeit ist die von der Gestirnsumdrehung abgeleitete siderische Zeit. Nach ihr sind unsere Uhren gerichtet. Sie verläuft als Linie von der Vergangenheit über die Gegenwart in die Zukunft. Vergangenheit und Zukunft scheinen unendlich groß zu sein. Aber die Gegenwart der Uhr-Zeit ist genaugenommen kürzer als eine hundertstel Sekunde. Sie ist nur ein Meßpunkt. Er trennt die Vergangenheit von der Zukunft.

Aber die wirkliche Gegenwart ist die Zeit, die wir erleben. Die Qualität der erlebten Zeit kann mit keiner Uhr und mit keiner Zeiteinteilung gemessen werden.

Die Stunde, die ein Mensch in seinen Freuden oder Ängsten, in seiner Glückseligkeit oder Langeweile als subjektive Gegenwart erlebt, ist mit der Stunde eines Jahrmillionen alten Steines eigentlich nicht vergleichbar.

Das subjektive, psychische Erleben ist immer nur Gegenwart. Wir können die Gegenwart nicht verlassen. Wir können uns Vergangenes oder Künftiges zwar vorstellen. Aber selbst das, was wir uns als Vergangenes oder als Künftiges vorstellen, erleben wir jetzt in der Gegenwart.

Wenn sich jemand an den gestrigen Tag oder an seine Kindheit erinnert, dann denkt er zwar an jene Zeit und stellt sich Erinnerungsbilder vor. Er erlebt sie aber jetzt in der Gegenwart.

Auch über die Zukunft können wir uns nur in der Gegenwart Vorstellungen machen. »Was geschieht in einem Jahr?« »Was wird sein, wenn ich alt bin?« Wir wissen zwar, daß wir die Zukunft nicht im voraus erleben können, aber es sollte uns ebenso bewußt sein, daß wir alle Gefühle, die wir auf Vergangenes beziehen, jetzt in der Gegenwart erleben.

Wer Kindheitserlebnisse analysiert, muß daher wissen, daß er eine Erinnerungsszenerie benützt, um Gefühle zu erzeugen, die jetzt und für die gegenwärtige Erlebnisweise gültig sind. Wer seine Gefühle allerdings zu häufig an die Vorstellungen seiner Vergangenheit verliert oder an der Zukunft entzündet, gefährdet sich. Wer sich in solchen Vorstellungen tummelt und diese Einbildungen so erlebt, als ob sie reale Gegenwart wären, entzieht sich der Wirklichkeit.

Er lebt in weltfremden Phantasien oder entwickelt Ängste. All die Ängste und Sorgen, die wir uns im voraus machen, bevor das Befürchtete eingetreten ist, belasten uns zu Unrecht. Oft sind es kleine Sorgen (»Warum ist er noch nicht nach Hause gekommen?« »Wird wohl alles gutgehen?«). Manchmal sind es schwere Sorgen (»Wenn ich bloß nicht krank werde«, »Wenn ich nur nicht einsam sein werde«, »Wie wird es sein, wenn ich sterben muß?«).

Aber solch pessimistische Ängste gegenüber der Zukunft muß man sich, auch wenn es mühsam ist, wegtrainieren. Oft gelingt es nur mit großer Anstrengung, sich immer wieder in die Wirklichkeit und Gegenwart zurückzurufen.

In Paris lernte ich durch einen Bekannten Mary B. kennen. Sie war einige Jahre zuvor zur »Miss America« gewählt worden. Sie strahlte Lebensfreude und eine selbstbewußte Offenheit aus. Ich fragte sie, ob sie bei der Mißwahl nicht Lampenfieber und Angst gehabt habe? Als Antwort verriet sie mir eine Lebensregel, die ich für mich inzwischen oft anwenden konnte: »Man soll den Schirm nicht aufspannen, bevor es regnet.« Damit lernte ich, aus pessimistischen Zukunftsvisionen in meine zufriedene Gegenwart zurückzukehren. Auch wenn's oft mühsam ist, wir müssen es uns zu eigen machen: Nur die Gegenwart ist unsere Wirklichkeit.

Erinnern Sie sich noch an den Alkoholiker Theodor W.?

Als er mir schuldbewußt eingestand: »Ich habe wieder getrunken«, antwortete ich: »Sie sind mir keine Rechenschaft schuldig. Ich bin weder ein Moralprediger noch Ihr Beichtvater.«

In dem Augenblick öffneten sich seine verschränkten Arme. Er beugte sich zu mir und sagte in feierlich ergriffenem Ton: »Jetzt haben Sie etwas Wichtiges gesagt.«

Was in diesem Augenblick geschah und den 42jährigen Alkoholiker zu einem gesunden Menschen machte, dieses Aha-Selbsterlebnis, diese tief erlebte Wirklichkeit kann mit keinem naturwissenschaftlichen Zeitmaß erfaßt werden. Sein Aha-Erlebnis war erlebte Gegenwart.

Aber wie lange dauert diese Gegenwart? Nur eine Sekunde, nur eine Minute oder so lange, wie das Aha-Selbsterlebnis wirksam ist? Das sind bei ihm inzwischen etwa vier Jahre.

Die Kunst, sinnvoll zu leben, besteht darin, keinerlei belastende, quälende Gefühle aus der vorgestellten Vergangenheit oder vermeintlichen Zukunft in die Harmonie der wirklichen Gegenwart eindringen zu lassen. Wir müssen lernen, die objektive Uhrzeit nur zu benützen, um Termine zu vereinbaren und einzuhalten. Sie ist nützlich, um in der Uhrzeit übereinzustimmen, um zu einer bestimmten Zeit Freunde zu treffen, den Zug zu erreichen, eine Besprechung anzusetzen.

Bedenklich aber ist, was viele von uns tun, ständig Vorstellungen aus der Vergangenheit oder über die Zukunft im Kopf zu haben. (»Werde ich versagen?« oder »Werde ich leiden?«) Sie wissen nicht, daß sie sich damit um ihr Leben in der Gegenwart betrügen.

Einer, der es tat und sogar wußte, daß er nicht mehr in der Gegenwart lebt, ist mir vor wenigen Tagen begegnet. Er sagte wörtlich: »Die Zukunft ist für mich schon Vergangenheit.« Dieser Mann gehört zu den großen, weltbekannten Stars. Darum möchte ich seinen Namen verschweigen und ihn als Mr. Star bezeichnen. Er ist 42 Jahre alt und hat den Gipfel seiner Karriere erreicht. Er bat mich, mit ihm den Farben-Test zu machen. Als ich seine Farbwahl sah (er bevorzugte Schwarz, Grau und Braun und lehnte Gelb und Grün ab), sagte ich vorsichtig, aber deutlich genug: »Sie sind in einer Sackgasse. Sie sollten Ihre Situation von Grund auf ändern.«

»Ja«, gab er mir zur Antwort. »Es ist noch eine Frage von Stunden oder Tagen, wie lange ich lebe.«

Und nun sprach er die Worte, die ich nicht vergessen werde: »Ich stecke in einer Sackgasse, aus der es keinen Ausweg gibt. Die Zukunft ist für mich schon Vergangenheit.« Damit wollte er sagen, daß seine Mutter ihn zum Weltstar getrieben habe, aber zugleich sein eigenes Leben und seine Ehe zerstöre.

Ich erklärte ihm, daß er weder seine Mutter noch die Vergangenheit beschuldigen kann. Erstens ist nicht die Umwelt, sondern er selbst die Ursache seiner Gefühle. Zweitens ist das, was er wirklich erlebt, die Gegenwart, und für die ist er selbst verantwortlich.

Als wir uns spät nachts trennten, sagte mein neuer Freund: »Ich hab's begriffen. Ich bin wieder im Lot. Jetzt mußt du nur noch meiner Frau helfen. Sie liegt seit Monaten mit psychosomatischen Rückenschmerzen im Bett.«

Ich spürte, daß er aus der verzweifelten Zukunft in die Gegenwart zurückgekehrt war.

Er hatte begriffen, daß er für seine Gefühle selber verantwortlich ist. Er war entschlossen, sich durch die unberechtigten Vorwürfe der Mutter künftig nicht mehr demütigen zu lassen. Er hat sich von der Vorstellung einer vergifteten Zukunft befreit und beginnt die wirkliche Gegenwart sinnvoll und freudvoll zu gestalten.

## Die mißverstandene Zeit und die mißverstandene Ursache

Daß man Vergangenes, zum Beispiel Kindheitserlebnisse oder eine gescheiterte Ehe, wie die reale Gegenwart erlebt, dieser Gefahr unterliegt man leicht, besonders aber bei der Psychoanalyse von Erinnerungen. Darum verursachen manche Psychotherapeuten, daß die Neurosen, die sie heilen wollen, gerade erhalten bleiben oder sich verstärken. Das hat langdauernde Behandlungen ohne eine wirkliche Besserung zur Folge.

Das psychologische Mißverständnis verstärkt sich, wenn außerdem äußere Bedingungen, schwierige Verhältnisse in der frühen Kindheit oder Familiensituation für die Ursache einer Neurose gehalten werden. Die wirkliche Ursache liegt nicht in irgendwelchen ungünstigen äußeren Bedingungen. Eine gleiche Situation kann bei einem anderen ohne Folgen sein. Die Ursache einer Neurose liegt im Ich selbst, in der konflikthaften Einstellung des Patienten.

Bei einem Kind ist das wegen seiner Unbeholfenheit verständlich. Wir Erwachsenen aber müssen wissen, daß die Ursache immer in der eigenen konflikthaften Reaktion besteht und nicht in der äußeren Bedingung.

Der Therapeut lenkt den Patienten also meist von seiner konflikthaften Haltung ab und verhindert die Heilung, wenn er die Ursache einer Neurose mit frühen Lebensumständen begründet.

Die gegenwärtige konflikthafte Haltung kann der Patient seit seiner Kindheit, die längst der Vergangenheit angehört, als dauernde psychische Gegenwart beibehalten haben.

Die subjektive, psychische Zeit ist immer und nur Gegenwart. Die objektive, die vorgestellte und gemessene Zeit verläuft vorwärts von der Vergangenheit in die Zukunft. Sie ist linear. Die subjektive Zeit dagegen ist rhythmisch wie die Atmung, wie der Herzschlag, wie Schlafen und Wachen und die hormonalen Tagesrhythmen.

Ebenso fruchtbar und notwendig wie die Unterscheidung der subjektiven und der objektiven Zeit ist die Unterscheidung des subjektiven und objektiven Raumes.

# Der objektive und der subjektive Raum oder die Kunst, Gefühle zu erleben

Der objektive Raum der Naturwissenschaft ist ein geometrischer Raum. Dessen Körper werden nach Höhe, Länge und Breite gemessen. Mit diesen drei Dimensionen können zwar konkrete Körper beurteilt oder beschrieben werden. Um den subjektiven Raum, um den psychischen Raum zu beurteilen, sind sie aber völlig ungeeignet.

Wenn die heutige Psychologie gleichwohl räumliche Begriffe wie »innen, außen, Introversion, Extraversion, Regression, oben-unten, Über-Ich, Unterbewußtsein« usw. braucht, dann sind sie bestenfalls stellvertretend für das, was der psychische, subjektive Raum wirklich ist.

Im Gegensatz zum konkreten Körper des objektiven Raumes ist das Erlebnis einer Melodie oder des Geschmacks auf der Zunge oder der Eindruck, den wir von einer Stimme haben, eine Erlebnis-Gestalt. Im Gegensatz zum objektiven, konkreten Körper ist die Erlebnis-Gestalt nie sichtbar. Sie ist jedoch subjektiv erlebbar, z. B. als Farbempfindung, als Geschmacksempfindung wie süß, sauer, bitter oder als Landschaftserlebnis wie z. B. lieblich, eintönig oder beeindruckend.

Eine Erlebnis-Gestalt ist das, was man als ein »bestimmtes Gefühl« oder als eine »bestimmte Stimmung« oder als einen »bestimmten Eindruck« erlebt.

Darum hat man das Gefühl des »déjà vu«, daß man etwas schon einmal erlebt hat, immer dann, wenn durch eine bestimmte neue Umweltsituation, etwa bei einer Landschaft, bei einem Innenraum oder beim Zusammentreffen mit Menschen, eine bereits vertraute Erlebnis-Gestalt angesprochen wird.

Woran liegt es, daß wir eine bekannte Melodie schon nach wenigen Tönen erraten? Weil jede Melodie eine ganz bestimmte, eigene Erlebnis-Gestalt vermittelt.

Warum erkennen wir am Telefon die Stimme eines Bekannten schon nach wenigen Worten? Weil sie für uns eine ganz bestimmte Erlebnis-Gestalt hat, die wir wiedererkennen. Ob die Stimme fröhlich oder bedrückt klingt, das sagt uns die Erlebnis-Gestalt, die wir empfinden. Auch unser eigenes Befinden, ob wir uns frisch oder müde fühlen, erfahren wir als verschiedenartige Erlebnis-Gestalten.

Mit den Worten »Ich habe den Eindruck« sagen wir nichts anderes als: Ich habe eine Erlebnis-Gestalt.

»Ich habe den Eindruck, diese beiden Farben passen besser zusammen«, bedeutet, bei diesen beiden Farben ist meine Erlebnis-Gestalt harmonischer.

Überall wo wir Empfindungen wahrnehmen, die uns bewußt werden, haben wir Erlebnis-Gestalten. Kreative Menschen haben die Fähigkeit, sich ihre Empfindungen bewußtzumachen und ihre Erlebnis-Gestalten so geschickt zu verwenden wie der Handwerker sein Werkzeug.

Der Kunstschaffende teilt uns seine Erlebnis-Gestalten durch Farben, Formen, Bewegungen, Töne oder Worte mit.

Der kreative Manager trifft seine wichtigen Entscheidungen bei der Beurteilung von Mitarbeitern und Geschäftspartnern aufgrund seiner Erlebnis-Gestalten (»Ich habe den Eindruck, er ist ehrlich«, »Ich habe den Eindruck, hier stimmt etwas nicht«).

Anders als Erlebnis-Gestalten sind Vorstellungs-Gestalten. Alles, was wir uns jetzt in der Gegenwart vorstellen, ohne es wirklich zu sehen, sind Vorstellungs-Gestalten. Das, was wir denken, die Denkprozesse, Gedanken und Träume, sind Vorstellungs-Gestalten.

Je besser eine Vorstellungs-Gestalt mit der Wirklichkeit übereinstimmt, desto richtiger ist der Gedanke.

## Intuition und Erleuchtung

Es ist erstrebenswert, sowohl deutliche Erlebnis-Gestalten als auch richtige Vorstellungs-Gestalten zu haben, also über deutliche Eindrücke und auch über richtige Gedanken zu verfügen.

Wer diese beiden Fähigkeiten hat, wer deutlich empfindet und klar denkt, hat die Chance, daß sich beide kurzschlußartig verbinden. Dann ergänzen sich die Erlebnis- und die Vorstellungs-Gestalt zu einer einzigen Gestalt. Wer eine solche umfassende Gestalt erlebt, hat eine Erleuchtung. Es ist heute üblich, statt des guten, bildhaften Begriffes »Erleuchtung« von Intuition zu sprechen.

So wie der Zen-Buddhist sich jahrelang bemüht, um Satori, die Erleuchtung, zu erlangen, so können wir uns üben, Intuitionen zu haben.

Je mehr wir durch Aufmerksamkeit unser ästhetisches Sinnverständnis schärfen, desto deutlicher werden unsere Erlebnis-Gestalten.

Je mehr wir unser Denken von persönlichen Befangenheiten und von Vorurteilen befreien, desto klarer wird unser logisches Sinnverständnis.

Wer sich in beiden Bereichen bemüht, trägt – wie Goethe sagt – zwar das Holz zusammen, doch muß er warten, bis der zündende Blitz das Feuer (die Erleuchtung) entfacht.

## Der objektive und der subjektive Wert oder der Austausch als harmonische Ergänzung

In der Natur ist uns der Austausch von Wärme und Kälte bekannt. Wir wissen, daß der Kühlschrank durch Wärme Kälte erzeugt. Wir wissen, daß die Energie, die es braucht, um ein Gewicht hochzuheben, sich beim Herunterfallen in die entsprechende kinetische Energie umwandelt. Ein objektiver Wert wird gegen einen anderen ausgetauscht.

Auf dem Grundgesetz des Austausches oder der harmonischen Ergänzung beruht das Naturgesetz von Ursache und Wirkung (z. B. je stärker ich bremse, desto schneller hält das Auto an). Auf dem Austausch basiert auch das Gesetz von der Erhaltung der Energie und das Gesetz der Gravitation. Es bestimmt die Harmonie der Umlaufbahn aller Planeten.

Ähnlich wie in der naturwissenschaftlichen objektiven Wirklichkeit gilt das Gesetz vom Austausch und von der harmonischen Ergänzung auch in der anderen, der subjektiven, menschlichen Wirklichkeit.

Auch das Wirtschaftsleben beruht auf dem harmonischen Austausch von Nehmen und Geben, von Angebot und Nachfrage. Nehmen, ohne zu geben, empfinden wir als Betrug oder als Raub. Sie widersprechen unserem Empfinden für Gerechtigkeit. Mit dem Strafrecht soll durch eine »angemessene Strafe« die Gerechtigkeit, das moralische Harmonieverhältnis wiederhergestellt werden.

»Der bestirnte Himmel über mir« ist die unbedingte, harmonische Ordnung der äußeren Welt. Mit ihr befaßt sich die Naturwissenschaft.

»Das moralische Gesetz in mir«, das Gewissen, beweist die unbedingte Ordnung, das Harmonie-Gesetz der inneren Welt. Mit ihm befaßt sich die Funktionspsychologie.

Jede psychologische Theorie, die den Menschen ohne sein Streben nach dem Sinn, nach Harmonie, verstehen will, sieht nur Teilaspekte. Ihr fehlt die notwendige Sinn-Ordnung, die a priori zum Wesen des Menschen gehört. Darum führt eine echte Psychotherapie den Menschen in all seinen vielartigen Beziehungen zum Erlebnis der Harmonie. Sie bringt ihn zur Einsicht, daß er selbst den Sinn verwirklichen muß, wenn er gesund bleiben oder gesund werden will.

# Die Funktionalität der subjektiven Werte

In der Psychologie geht es nicht um die Harmoniegesetze des äußeren Naturgeschehens. Die Funktionspsychologie will den Sinn, die Harmonie und Ordnung der inneren Gegensätze verstehen. Es geht darum, die Gegensätze innerhalb der eigenen Interessen, also von Zuwendung und Abwendung, von Aufwertung und Abwertung, von dranghaftem Begehren und Ängsten zu begreifen.

Wir alle erfahren, daß es – ähnlich wie in der äußeren, konkreten Welt – auch in der »inneren« Welt der Emotionen bestimmbare Zusammenhänge gibt. Auch sie stehen in einer gesetzmäßigen Abhängigkeit zueinander. So ist der dranghafte Anspruch nach Geltung und Bestätigung abhängig vom Gefühl, nicht zu genügen oder minderwertig zu sein. Ebenso ist die Aggressivität eines Menschen abhängig von seinem Gefühl, frustriert zu sein. In solchen Fällen ist also ein subjektives Tun von einem bestimmten anderen Tun oder die eine Emotion von einer bestimmten anderen abhängig: Die eine Be-Wertung ist von einer anderen Be-Wertung abhängig.

Ein einfaches Bild, das ich mir für die Harmonie der Gegensätze jeweils vorstelle und das mir zum Leitbild aller funktionspsychologischen Überlegungen geworden ist, besteht in einer Waage mit zwei Waagschalen. Um soviel, wie die eine Waagschale sinkt, um soviel steigt die andere. Noch einfacher und anschaulicher ist der Vergleich mit jenen langen Balken auf Kinderspielplätzen, die in der Mitte, beim Drehpunkt, aufliegen und Kindern als Wippe dienen. Wer unten sitzt, will hinauf. Wer oben sitzt, muß hinunter. Wenn sich der eine am Boden festhält, zappelt der andere in der Luft. Er kann nicht herunter, solange der andere unten nicht losläßt.

Die Balkenwippe ist ein Bild für die Harmonie. Harmonie ist aber nicht nur als Symmetrie anschaubar. Sie ist auch hörbar, und sie ist auch meßbar. Wenn wir anstelle der auf- und abschwingenden Waagschale die schwingende D-Saite nehmen und denjenigen höheren Ton suchen, der ihr so harmonisch wie möglich entspricht, dann wird jedermann auf den Millimeter genau diejenige Saitenlänge bezeichnen, die halb so lang ist. Wenn er statt dem Längenmaß das Zeitmaß angibt, dann wird er denjenigen Ton als den harmonisch entsprechenden empfinden, der genau doppelt so schnell schwingt. In beiden Fällen ist es das um eine Oktave höhere D.

Die Harmonie ist, wie es die großen Lehrer der Harmonik Pythagoras, Johannes Kepler, Hans Kayser gelehrt haben, als Weltgesetz im Makro- und Mikrokosmos quantitativ meßbar und für uns qualitativ mit unseren Sinnesempfindungen wahrnehmbar.

Der Balken der Waage kann im Gleichgewicht sein und sich nicht bewegen. Oder er kann nicht im Gleichgewicht sein und sich schaukelnd bewegen. Oder aber er kann völlig aus dem Gleichgewicht geraten, so daß das eine Ende unten und das andere oben fixiert bleibt. Fixiert und nicht im Gleichgewicht sind jene Menschen, die übertriebene oder keine spontanen Reaktionen haben, die also durch übersteigerte oder fehlende Reaktionen auffallen. So kann das Gefühl, ständig unterlegen und hilflos zu sein, einerseits spontane Reaktionen unterbinden und andererseits eine dauernd aggressive Haltung bewirken. Diese aggressive Haltung wird benötigt, um sich trotz der Hilflosigkeit überlegen zu zeigen und damit ein scheinbares Gleichgewicht zu empfinden. Das ist z. B. bei manchen durch ihr Alter oder unter Beschwerden leidenden Menschen auffällig.

Wird die eine Seite des Balkens unten festgehalten, ist die andere oben ebenfalls fixiert. Die emotionale Fixierung, ob oben oder unten, ist die sogenannte »Neurose«. Neurosen sind fixierte Einstellungen, die immer zugleich Überbewertungen als auch Unterbewertungen sind.

Die Überbewertung äußert sich als übersteigerter Anspruch.

Die Unterbewertung erscheint als Abwehr, Verleugnung, Angst oder Hemmung. Darum erzeugt der übersteigerte Anspruch, beliebt zu sein, beim Verliebten Hemmungen oder bei öffentlichem Auftreten Lampenfieber.

Manche Wippen können nicht nur vertikal auf- und abwärts schaukeln, sondern auch horizontal um den Drehpunkt kreisen.

Schaukeln die Balken extrem stark bis ganz oben und ganz unten im Kreis herum, dann umfassen sie den geometrischen Raum einer Kugel. Darum ist die Kugel mit ihrem stabilen Zentrum, dem Drehpunkt, und all den möglichen Stellungen des Waagebalkens ein Bild, an dem wir uns emotionale Situationen leicht anschaulich machen können.

Heftige Ausschläge, die bis in die Kugelkuppe und in die Tiefe reichen, entsprechen den heftigen Affekten. Sie führen in die illusionären, fiktiven, neurotischen Bereiche. Hier wird besonders deutlich, wie der eine starke Affekt (die eine Seite des Balkens) von einem bestimmten anderen Affekt (auf der anderen Seite) funktional abhängig ist.

Der Himmel ist im oberen und die Hölle im unteren Teil der Kugel. Hier oben und unten finden die affektgeladenen Auf- und Abbewegungen statt. In diesem Himmel oben und in dieser Hölle unten befinden sich jene Selbstgefühle, die bei neurotischen Konflikten so extrem und wechselhaft sind, wie Selbstbewunderung und Selbstbedauern oder wie Selbstzwang und Selbstflucht usw.

Im Bereich der Realität und Normalität hingegen bewegt sich der Waagebalken um die Gleichgewichtslage wie bei einer harmlosen Kinderschaukel.

Wenn also die eine Seite des Balkens stark hochgeht, ist die andere tief unten.

Einer Wut scheint immer ein Gefühl der Enttäuschung vorauszugehen; Trotz scheint nach einem Gefühl der Zurückweisung aufzutreten; heftige Aggressionen sind ohne vorangehende Frustrationsgefühle nicht denkbar. Wer sich als Angeber aufspielt, mit dessen Selbstsicherheit kann es nicht weit her sein. Mehr noch: Je größer das heimliche Gefühl der eigenen Bedeutungslosigkeit, der geistigen und gesellschaftlichen Wertlosigkeit ist, desto größer, desto provozierender oder arroganter ist die Angeberei oder Wichtigtuerei. Also: Je mehr einer übertreibt, um so unsicherer ist er.

Das Gleichnis des Waagebalkens zeigt sich nicht nur als Verhalten nach außen, sondern es beschreibt vor allem die inneren Gefühle sich selbst gegenüber, die Selbstgefühle.

Es besteht ein Gleichgewichtsverhältnis zwischen dem Defizit, das jemand empfindet, und der Übertreibung, zu der er dadurch neigt. Diese Abhängigkeit der Überbewertung von der Unterbewertung, aber auch umgekehrt, die Abhängigkeit der Unterbewertung von der Überbewertung, diese komplementäre Abhängigkeit habe ich mit dem mathematischen Begriff *»Funktion«* benannt.
Als Funktionalität bezeichnen wir die gesetzmäßige Abhängigkeit einer Emotion von einer bestimmten anderen Emotion.
Das Verständnis der Funktionalität ist die Grundlage und der Ausgangspunkt für das psychologische Verstehen. So wie die Kausalität von Ursache und Wirkung ein Grundgesetz der Naturwissenschaft ist, so bildet die Funktionalität ein Grundgesetz der Psychologie.

Ein paar Beispiele sollen zeigen, wie die eine emotionale Haltung von einer bestimmten anderen funktional abhängig ist.
Wann beispielsweise greift jemand zur Zigarette? Was ist das Motiv, was veranlaßt ihn, »instinktiv« nach dem Päckchen zu

greifen? Was geht voraus? Wie fühlt sich ein Mensch, der sich im Kaffeehaus niedersetzt und nach der Zigarette greift oder der eine Zigarette anzündet, wenn das Telefon läutet oder bevor er eine Telefonnummer wählt, oder der bei der Begegnung mit einem Geschäftspartner oder mit Partygästen oder im Auto vor einer Bahnschranke, vor einem Stopplicht oder überhaupt, wenn er warten muß, »automatisch« nach der Zigarette greift?

Weil wir funktionspsychologisch beobachten, erkennen wir, daß der Griff nach der Zigarette der zweite Akt ist und daß ihm ein erster Akt als Motiv vorausgeht. Der unsichtbare erste Akt ist die Unsicherheit, also der Zustand des Unbehagens. Er ist der motivierende Beweggrund.

Das ist die Seite des Waagebalkens, die nach unten neigt. Der zweite Akt, der »automatische« Griff nach der Zigarette, hat den Zweck und das Ziel, einen Zustand des Behagens herzustellen. Solche »automatischen«, »instinktiven« Handlungen haben also ein meist unbewußtes, unauffälliges Motiv. Das unbewußte Motiv entspricht der einen Seite des Waagebalkens. Davon funktional abhängig, am anderen Ende des Waagebalkens, steht das beabsichtigte Ziel oder der Zweck.

Wir wollen die Funktionalität zwischen dem vorangehenden Motiv und der nachfolgenden Zielhandlung jetzt genau klären. Dabei sind die beiden Begriffe Zuwendung und Abwendung wichtig.

Angenommen, ein Ehepaar fährt im Auto über Land. Die entspannte Atmosphäre scheint der Frau geeignet, mit ihrem Mann ein heikles Thema zu besprechen, auf das er meist gereizt reagiert. Während er am Steuer sitzt und geradeaus schaut, sagt sie in sanftem Ton: »Liebling, ich glaube, wir sollten meine Mutter wieder einmal zu uns einladen.« Bevor der Mann antwortet, wendet er automatisch seinen Blick ab, schaut seitlich aus dem Fenster und sieht irgend etwas, einen Menschen, ein Haus, einen Baum, der ihm »zufällig« auffällt. Er wendet zwar diesem Gegenstand seine Aufmerksamkeit zu, aber nur deshalb, weil er sich von seiner Frau, die ihn mit ihrer Frage stört, abwenden will. Die Abwendung kann also der Grund sein für die Zuwendung zu einem vordergründigen Interesse (Arbeitssucht, Politisieren, Verein).

Psychologisch beobachten heißt, die Zusammenhänge funktionspsychologisch verstehen. Das bedeutet, daß eine Zuwendung als Funktion einer Abwendung und daß eine Aufwertung (Kontakthunger, Konsumiersucht usw.) als Funktion einer Abwertung (Leere, Depression, Langeweile) verstanden wird.

# Die Dimensionen
## der Funktionspsychologie

Ähnlich wie die moderne Atomphysik die Zeit- und Raumvorstellungen der klassischen Physik verlassen mußte, so müssen wir auch in der Psychologie lernen, die subjektive, die andere Wirklichkeit mit anderen Dimensionen zu beurteilen. Das neue, funktionale Denken und die Begriffe der Funktionspsychologie müssen die bisherigen räumlichen Vorstellungen (innen–außen, oben–unten) und die mechanistisch-kausalen Zeitvorstellungen (vorherige Ursache, nachherige Wirkung) ablösen.

Auch die Symbol-Terminologie (wie oral, anal, phallisch; Animus–Anima; Eltern-Ich und Kind-Ich usw.) müssen ersetzt oder zumindest als funktionale Dimensionen der psychischen Gegenwartszeit und des psychischen Gestalt-Raumes verstanden werden. Dadurch wird die Psychologie klar und einfach. Sie wird nicht nur leicht verständlich, sondern geradezu selbst-verständlich.

Man kann Psychologie nicht lernen wie Geografie oder Chemie. Weil wir selbst das Psychische sind, müssen wir es uns nur bewußt und dadurch selbst-verständlich machen.

Das gerade, die richtigen Begriffe zu verwenden, ist der Zweck der funktionspsychologischen Terminologie. Sie bezeichnet die Dimensionen der subjektiven Zeit, des subjektiven Gestalt-Raumes, der subjektiven Relation zwischen beiden und der subjektiven Bewertung.

# Die Dimension der subjektiven Zeit

Die subjektive, psychische Zeit ist die erlebte Gegenwart. Man sagt zwar: »Die Zeiten ändern sich.« In Wirklichkeit ist aber die Änderung das, was wir als Zeit erleben. Ob und wie sehr sich unsere Beziehungen zu uns selbst, zu anderen und zur Welt ändern, dieses Maß an Veränderung nennen wir Zeit.

Die subjektive Zeit, die Veränderung, spielt sich zwischen zwei Polen ab. Der eine Pol ist die Konstanz, der andere ist der Wechsel, die Variabilität.

Die Konstanz:
Eine verhältnismäßig konstante Beziehung haben wir zu dem, was wir als Ich erleben. Konstant jeden Morgen weiß ich, daß ich es bin, der jetzt aufwacht. Konstant ist auch das Wissen, daß wir Mann oder Frau sind und wie wir heißen.

Vieles andere in unserem Leben ist auch vorwiegend konstant: Die Beziehung zu den Angehörigen und Freunden, zur beruflichen Aufgabe und zu dem, was wir besitzen.

Konstant bedeutet nicht, daß die Beziehung ständig aktuell sein muß. Es kann sein, daß wir einen Freund lange Zeit nicht mehr sehen. Die Beziehung und unsere Gefühle für ihn bleiben dennoch konstant dieselben.

Die Variabilität:
Der Gegenpol zur konstanten Beziehung sind die stark wechselnden Kontakte.

Völlig variabel sind alle Begegnungen, die uns nicht stark oder nur aktuell interessieren. Zur Verkäuferin oder zum Kellner, die uns bedienen, zum Schalterbeamten oder Taxifahrer haben wir eine rasch wechselnde, variable Beziehung.

Zwischen der Variabilität und Konstanz stehen die vielen Beziehungen zu Menschen, denen wir im Alltag und in der Öffentlichkeit begegnen. Vielleicht kennen wir deren Namen, haben aber keine emotionale Beziehung zu ihnen. Es sind Menschen oder Gegenstände, die für uns keine ausgeprägte Erlebnis-Gestalt besitzen.

Um normal zu sein, brauchen wir ein bestimmtes Maß an Konstanz, aber auch an Veränderung.

Der Rhythmus:
Die harmonische Ergänzung von Konstanz und Variabilität, der regelmäßige, konstante Wechsel, heißt Rhythmus. Die subjektive, psychische Zeit, die erlebte Gegenwart, verläuft rhythmisch wie der Atem, wie der Puls, wie Schlafen und Wachen und die Tagesrhythmen des Körpers.

Auch psychisch brauchen wir die Veränderung innerhalb der Konstanz. Darum suchen wir die Konstanz innerhalb des Wechselnden.

Ich weiß, daß ich konstant derselbe bin. Aber innerhalb meiner Konstanz möchte ich mich verändern, entfalten und mich durch neue Erfahrungen entwickeln.

Umgekehrt suche ich in allem Neuen, das mir begegnet, das mir verständliche, vertraute Konstante zu erkennen.

Wir sind daran interessiert, andere Menschen kennenzulernen. Das entspringt unserem Bedürfnis nach Variabilität.

Wenn wir ihnen begegnen, suchen wir gleich nach Gemeinsamkeiten. (Gleiche Herkunft, gleiche Bekannte, gleiche Ausbildung oder Kenntnisse, übereinstimmende Meinungen und eine gegenseitige Vertrauenswürdigkeit.) Dadurch befriedigen wir unser Bedürfnis nach Konstanz.

Besuche ich fremdartige Völker, deren Sprache ich nicht kenne, bestätigt mir ihr freundliches Lächeln oder ihre Geste, die ich verstehe, daß ich sogar hier das mir Vertraute, Konstante im anderen Menschen gefunden habe.

Die Abnormität der Fixiertheit und der Agitiertheit:
Ist ein Mensch aus dem Gleichgewicht zwischen Konstanz

146

und Variabilität geraten, dann kann er einseitig konstant oder übermäßig variabel sein.

Wer übermäßig konstant ist, den bezeichnen wir als fixiert. Es mag sein, daß er an das Haus, an einen Menschen, an ein bestimmtes Interesse oder an eine »fixe« Idee fixiert ist. Alle Fixierungen sind Abhängigkeitsbeziehungen. Fixiertheit ebenso wie die übersteigerte Variabilität widersprechen der psychischen Normalität.

Wer den Drang zu ständigem Wechsel hat, wer ruhelos, hektisch getrieben alle Beziehungen abbricht und gegen andere Kontakte austauscht, den bezeichnen wir als agitiert.

Er ist aktiv um der Aktivität willen. Er hat kein konstantes Ziel. Agitiert ist z. B. ein Mensch, der am Fernsehapparat alle Augenblicke kreisum von einem Programm zu einem anderen springt. Agitiert sind die Menschen, die sich in Zerstreuungen stürzen, um sich von ihrem unbefriedigten oder unerträglichen Zustand abzulenken, die aber unfähig sind, konstante Beziehungen einzugehen.

Der Agitierte muß die beruhigende Konstanz finden. Der Fixierte muß den Reichtum des Wechsels, er muß die Variabilität zurückgewinnen.

# Die Dimension des subjektiven Raumes

Wenn ein Maler ein Bild gestaltet, vollzieht sich ein ähnlicher Prozeß wie bei jeder kreativen Arbeit.

Die Heteronomie:
Der Maler sieht ein Motiv, das ihn anspricht. Er erblickt eine Situation, die ihn anregt.

Am Anfang hat jeder, der irgend etwas gestaltet, eine Anregung oder einen Einfall. Das ihm zu-fällig etwas ein-fällt, ist ein rezeptives Erlebnis. Platon sagt sogar, daß das Nachdenken und Philosophieren damit beginnt, daß wir über etwas erstaunt sind.

Jede Anregung, jeder Eindruck, jeder Einfall ist etwas, das wir rezeptiv aufnehmen.

Das rezeptive Aufnehmen oder Annehmen nennen wir in der Funktionspsychologie: Heteronomie.

Die Autonomie:
Der rezeptiven Heteronomie entgegengesetzt ist das Anordnen, das Bestimmen, Organisieren, das Disponieren und Dirigieren. Wer in irgendeiner Weise Anordnungen trifft und damit eine direktive Haltung einnimmt, verhält sich autonom. Diese bestimmende, direktive Position bezeichnen wir als: Autonomie.

Wenn der Maler zum Pinsel greift, wenn er die Farben so lange mischt, bis sie seiner Vorstellung entsprechen, wenn er die Formen so gestaltet, wie es sein Wille und seine Absicht ist, dann verhält er sich autonom.

Die beiden Positionen, die rezeptive heteronome und die direktive autonome sind polare Gegensätze.

Wenn wir miteinander reden, müssen wir ständig unsere Position wechseln. Hören wir zu und nehmen auf, sind wir heteronom. Vertreten wir aber unsere Meinung, verhalten wir uns autonom. Wenn wir beobachten sind wir heteronom, wenn wir entscheiden und handeln sind wir autonom.

Was wir als Beziehungsgefüge erleben zwischen autonomen und heteronomen Positionen, bezeichnen wir in der Funktionspsychologie als Erlebnis-Gestalt.

Die psychische Gestalt ist nur erlebbar. Sie ist kein konkreter Körper, der zum Beispiel gesehen und betastet werden kann. Der konkrete Körper ist ein Gefüge aus Länge, Höhe und Breite. Die Erlebnis-Gestalt hingegen ist ein Gefüge von Autonomie und Heteronomie.

Die Landschaft, die wir sehen, ist körperhaft. Der Eindruck, den wir dabei erleben, ist gestalthaft. Akustische Vibrationen, die wir hören, sind körperhaft und physikalisch meßbar. Die Melodie, die wir dabei erleben, ist eine Gestalt. Sie ist nur psychisch erfahrbar. Wenn wir einem Menschen begegnen, sehen wir seinen Körper. Wir nehmen sein Gesicht, die Augen, den Mund und auch die Bewegungen des Körpers wahr. Das hingegen, was wir dabei als Eindruck erleben, bezeichnen wir in der Funktionspsychologie als Erlebnis-Gestalt.

Wenn wir z. B. den Eindruck haben, daß jemand mit Bestimmtheit und Festigkeit auftritt, dann erleben wir eine autonome Gestalt. Spüren wir bei ihm hingegen Selbstunsicherheit, Verlegenheit oder das Bedürfnis nach Zuneigung oder eine Abhängigkeit von der Meinung des anderen, dann vermittelt uns dieser Mensch eine heteronome Erlebnis-Gestalt.

Aber auch Farben und Formen oder Geschmacksempfindungen machen auf uns einen bestimmten Eindruck und erzeugen eine bestimmte Erlebnis-Gestalt. Die Farbe Signalrot, die Form eines spitzen Dreiecks oder der Geschmack von Pfeffer wirken kraftvoll und machen auf uns einen autonomen Eindruck. Jedoch Hellblau, eine sanft geschwungene Wellenlinie oder Vanillegeschmack wirken zart und lieblich. Sie vermitteln uns eine heteronome Erlebnis-Gestalt.

Die meisten Erlebnis-Gestalten sind entweder mehr autonom oder mehr heteronom.

In einer normalen menschlichen Beziehung besteht ein ständiger Positionswechsel zwischen heteronomem Rezipieren und autonomer Anordnung, auch dann, wenn die Position vordergründig nur autonom zu sein scheint wie beim Lehrer, Regisseur, Dirigenten, Direktor oder Politiker. Auch autonome Menschen müssen zugleich heteronom rezeptiv sein. Ständig haben sie die Situation, die aktuellen Bedingungen, die Erfordernisse und Möglichkeiten heteronom wahrzunehmen. Sie müssen heteronom beobachten, Informationen sammeln und emotionale Eindrücke richtig erfassen, um zweckmäßig autonom handeln zu können. Andernfalls entstehen Konflikte zwischen den Leitenden und den Beteiligten. Die Führung würde scheitern. Es würden Revolten und Revolutionen entstehen.

Die Harmonie:
Wenn der Maler einen Entwurf gestaltet, wenn er Farben und Formen bestimmt und anordnet, verhält er sich autonom direktiv. Wenn er aber anschließend das Ganze betrachtet, es auf sich wirken läßt und die Eindrücke aufnimmt, verhält er sich heteronom rezeptiv.

Meist veranlaßt ihn der gewonnene Eindruck dazu, Änderungen und Verbesserungen vorzunehmen. Beim Umgestalten und Umformen nimmt er wieder eine autonome, direktive Haltung ein. Diese beiden Positionen, das autonome Anordnen und das heteronome Aufnehmen, das direktive und das rezeptive Verhalten wechseln sich so lange ab, bis der Maler findet, jetzt stelle das Bild dar, was er ausdrücken will.

Wenn alle Gestaltungselemente, die Farben und Formen, zusammen stimmen, dann, wenn im Wechselspiel von heteronomem Auffassen und autonomem Gestalten sich alles zur Übereinstimmung zusammenfügt, dann bezeichnen wir diese Erlebnis-Gestalt funktionspsychologisch als harmonisch.

Am wichtigsten ist natürlich die Harmonie in menschlichen Beziehungen, besonders gegenüber dem Partner, den Nahestehenden und Mitarbeitern.

Hier muß jeder, der die Autonomie zu einem autoritären Verhalten übertreibt, sich üben, heteronom rezeptiv zu werden. Er muß lernen, aufzunehmen und anzunehmen, was andere meinen.

Menschen hingegen, die gewohnt sind, sich in übertriebener Weise heteronom beeinflussen zu lassen und sich entweder überschwenglich zu begeistern oder sich unterwürfig anzupassen, müssen sich eine autonome Selbständigkeit erwerben. Anstelle der unkritischen Schwärmerei oder der leichtgläubigen Unterordnung muß sich eine begründete, eigene Meinung bilden, die dem anderen gegenüber im harmonischen, konstruktiven Dialog vertreten werden muß. Anders ist eine echte Harmonie nicht zu erreichen.

Die Abnormität der autoritären und der suggestiblen Haltung:

Ist die autonome, direktive Haltung übertrieben, dann wird sie autoritär. Das autoritäre Verhalten ist eine funktionale Kompensation von Schwäche, von Unsicherheit oder von Unzufriedenheit.

Die autoritäre Haltung darf nicht mit dem Begriff »Autorität« verwechselt werden. Als Autorität wird ein Mensch bezeichnet, der in einer bestimmten Hinsicht als zuständig gilt. Wer eine Autorität ist, hat keinen Grund, sich autoritär zu benehmen.

Wenn jemand die heteronome, rezeptive Haltung so sehr übersteigert, daß er vor lauter Faszination und Begeisterung zum kritiklosen Schwärmer wird oder daß er leichtgläubig, unterwürfig oder hörig wird, dann bezeichnen wir diese abnorme Haltung als suggestibel, als beeinflußbar.

Statistische Untersuchungen mit dem Farbtest an psychiatrischen Kliniken haben gezeigt, daß die übersteigerte Heteronomie als Ausdruck der Unselbständigkeit und Beeinflußbarkeit besonders bei Suchtkranken anzutreffen ist. Sie versuchen die

Unzufriedenheit mit Beruhigungsmitteln wie Drogen, Schlafmitteln, Alkohol, übermäßigem Essen und Rauchen zu befriedigen. Die Unselbständigkeit wird zur Abhängigkeit.

Wenn hingegen die Aggressivität unterdrückt und verleugnet wird, entstehen häufig Körperbeschwerden mit psychi-
scher Ursache, wie z. B. Kopf- und Rückenschmerzen, Ma-
gen-, Galle-, Darmstörungen oder Herz-Kreislauf-Beschwer-
den, Asthma oder allergische Empfindlichkeiten. Darin kommt
die gespannte, autonome Abwehr- und Verteidigungshaltung
zum Ausdruck.

Die aggressive Gloria B., die ihren Mann in den Selbstmord
trieb, hatte Angst, wenn sie auf hartem Boden ging. Nur auf
weichem Boden fühlte sie sich wohl. Wegen ihrer autoritären
Autonomie ertrug sie keinen autonomen harten Boden, der ihr
Widerstand bot.

## Die Dimension der subjektiven Relation

Dasselbe, was die moderne, subatomare Physik fordert, gilt auch im subjektiven, psychischen Bereich: Es gibt keine Zeit ohne Raum. Nur die Relation von Zeit und Raum repräsentiert die Wirklichkeit.

Aus logisch zwingenden Gründen (siehe IV. Teil, Theorie der Funktionspsychologie) ist die Relation eine weitere subjektive Dimension. Sie ist uns als soziale Relation am geläufigsten. Ihre beiden Pole sind die Integration, also die Vereinigung, und die Differenzierung, also die Distanzierung, Separierung und Individualisation.

Die Integration:

Es gibt zwei Wege, die zur vereinigenden Integration führen. Der eine ist die Hingabe. Die fürsorgliche, treue, liebevolle Zuwendung. Der Hingabe und treuen Liebe geht es um die Integration. Ihre Haltung ist heteronom und zugleich konstant.

Genau entgegengesetzt, autonom und variabel, ist der andere Weg zur Integration: das Erobern.

Wer einen anderen Menschen oder einen größeren Marktanteil oder neues Territorium erobern will, verhält sich autonom gegenüber allen neuen, variablen Situationen. Er will sie sich integrieren. Die beiden Wege zur Integration, die Hingabe und das Erfolgsstreben, empfiehlt das Sprichwort »Bete und arbeite« (ora et labora).

Die Differenzierung:

Wer konstant und zugleich autonom ist, will seine Ich-Haftigkeit profilieren. Es geht ihm um seine Individualisation. Bei Kindern im Trotzalter und Jugendlichen in der Pubertät ist dieses Bestreben auffällig.

Das Streben nach Individualisation kann sich in verschiedenen Formen des Besitzens äußern, im Besitz materieller Güter oder im Besitz einer Eigentümlichkeit, die den Besitzer auszeichnet, wie eine besondere Kleidung, ein besonderer Titel oder eine Sammlung von etwas Besonderem. Mit diesen Mitteln wird die Ich-Haftigkeit und das eigene materielle oder geistige Revier gegenüber allen anderen abgegrenzt: »Ich weiß, wer ich bin und was ich habe.«

Der entgegengesetzte Weg, um eine soziale Differenzierung und Distanz zu erreichen, ist die stete Veränderung, die heteronom-rezeptive Variabilität.

Wer die neue Mode trägt, wer die neue Richtung in irgendeiner Hinsicht vertritt, sei es eine neue Ernährungsmethode, eine neue Kunstrichtung oder einen neuen politischen Trend, wer sich irgendwie zur Avantgarde zählt, differenziert und distanziert sich von den anderen, von den »gewöhnlichen Menschen«.

Die Kommunikation:

Was besonders not tut, ist eine echte, eine emotionale Kommunikation. Sie ist dann möglich, wenn in einer menschlichen Beziehung ein ausgleichender Wechsel von Integration und Differenzierung, von Bindung und Selbständigkeit besteht. Die echte Kommunikation kann nur erreicht werden, wenn die Integration nicht zum Wunsch nach völliger Verschmelzung und Identifikation ausartet und wenn die Differenzierung zu keiner Entfremdung, zu keiner oppositionellen »Emanzipation« und keiner Isoliertheit führt.

Ziel der sozialen Relation ist die echte, emotionale Kommunikation. In ihr ergänzen sich die verständnisvolle und verantwortungsvolle Bindung mit der respektvollen und toleranten Selbständigkeit der Partner.

Die Abnormität der Identifikation und der Isolation gefährdet die Liebe:

Wer das Bedürfnis nach Integration übersteigert, will mehr

als nur eine normale, harmonische Beziehung. Er will eine völlige Übereinstimmung mit dem anderen. Bei Verliebten, zuweilen aber auch zwischen Mutter und Sohn oder Vater und Tochter, besteht oft der sehnliche Wunsch nach einer unbeschränkten, grenzenlosen Übereinstimmung, nach einer völligen Identifikation. Dabei sollen beide das gleiche schön finden, gleichartige Gefühle haben, immer das gleiche wollen und dasselbe denken. Ein derart egoistischer Anspruch auf Sympathie gefährdet die Liebe. Echte Liebe ist vor allem eine Vertrauensbeziehung voll Verantwortung und tolerantem Verständnis für die Eigenart des anderen. Sie ist nicht egoistisch und nicht egozentrisch.

Wenn hingegen der Wunsch entsteht, beide Partner müßten alles in gleicher Weise erleben und beurteilen, dann überbordet die Sympathie zu einem egoistischen Identifikationsanspruch. Er ist lieblos und führt in eine Sackgasse.

Damit eine volle Übereinstimmung, eine Identifikation überhaupt funktionieren könnte, müßte der eine zur Kopie des anderen werden. Er müßte sich dem anderen völlig anpassen und sich masochistisch unterwerfen. Der andere würde absolut dominieren. Darum führen alle anfänglichen Sympathiebeziehungen, wenn sie zu einem Identifikationsanspruch ausarten, zu einem eifersüchtigen, autoritären Besitzverhältnis.

Wegen der gegenseitigen Abhängigkeit und wegen des Verlusts der inneren Freiheit, der Selbständigkeit und der Selbstachtung schlägt diese Art der »Liebe« in Haß um. Aus Sympathie wird Feindschaft. Die Identifikation führt zur Isolation.

Sympathie und Engagement sind fruchtbar und sinnvoll. Sinnwidrig und zerstörerisch werden sie erst, wenn sie zum Enthusiasmus ausarten.

Der Enthusiasmus ist nur scheinbar selbstlos. In der enthusiastischen Selbstaufopferung (»Ich tue alles nur für meine Kinder«; »Ich opfere mich auf für den Sieg der guten Sache«), steckt der egozentrische Anspruch, die eigene Absicht (Idee, Ideologie), mit der man sich identifiziert, unbedingt durchsetzen zu wollen. Darum sind viele bereit, für ihren Glauben, selbst wenn er ein Aberglaube ist, in den Tod zu gehen. Dieser masochistische Enthusiasmus für eine Überzeugung ist die heteronom-konstante Form der Identifikation.

Sehr viel offensichtlicher ist der Enthusiasmus bei der autonom-variablen Identifikation. Hier herrscht der Grundsatz: Erfolg um des Erfolges willen.

Wer mehr erobern will, als er braucht, ist erfolgssüchtig. Ein Tier frißt soviel, wie es braucht, um den Hunger zu stillen. Wir Menschen essen meist mehr als nötig, trinken mehr als nötig, wollen immer mehr verdienen und mehr besitzen. Der Erfolg wird zum Selbstzweck. Doch was bedeutet hier »Selbstzweck«?

Was sind das für Menschen, die einen solchen Aufwand treiben, nur um ihren Erfolg zu erleben? Warum rivalisieren sie ständig und wollen beweisen, daß sie besser sind, mehr können, mehr besitzen? Warum will der Tennisspieler der Beste im Club, der Beste der Region, des Landes oder der Welt sein? Warum setzt einer sein Leben aufs Spiel, um einen schwierigen Berg als erster zu besteigen? Warum wird ein Eroberer zum rücksichtslosen, aggressiven Unterwerfer, ein Liebhaber zum Don Juan oder Macho, ein Wettkämpfer zum Schläger oder Foulspieler, ein Kaufmann zum Ausbeuter, ein Wissenschaftler zum Rechthaber?

Es ist fruchtbar, zu verstehen, wie dieses erfolgssüchtige Rivalisieren, wie die zerstörerische Aggressivität, der Neid und die Mißgunst zustande kommen.

Wer eine gute Leistung vollbringen will, ist normal. Es geht ihm um die Sache, die Aufgabe. Er strebt nach einer angemessenen, harmonischen Gestaltung.

Wer aber der Beste sein will, rivalisiert und sucht den persönlichen Erfolg. Er braucht den Beifall. Er braucht den Erfolg als Bestätigung oder wenigstens zur Selbstbestätigung. Was er auch immer mit Enthusiasmus betreibt, es ist ihm nur scheinbar wichtig. Wirklich wichtig ist ihm die egozentrische Bestätigung. Es kommt ihm nicht darauf an, welchen Berg er unter Lebensgefahr besteigt, sondern nur, daß er es ist, der es als erster geschafft hat. Wichtig ist ihm nicht, ob er Tennis oder Golf spielt, ob er Rad fährt oder schwimmt, Hauptsache ist, daß er der Beste ist. Er hält sich allein für zuständig. Er identifiziert sich mit irgendeiner großen oder kleinen, mit einer öffentlichen oder heimlichen Starrolle.

Identifikationsansprüche sind immer egozentrisch motiviert, auch wenn sie als Verliebtheit in einen anderen oder als Enthusiasmus für eine Sache erscheinen.

Die Identifikation führt in die Isolation. Aus Verliebtheit wird Eifersucht. Wer rivalisiert, um der Beste zu sein, macht sich nicht beliebt, sondern macht sich zum Gegner der anderen. Wer seine Wünsche und Ideologien den anderen aufnötigen will, macht sie zu seinen Feinden. Seine Absicht führt zur Entfremdung, zur Trennung und Einsamkeit, aber auch zu Neid, Haß und Feindschaft. Der egozentrische Identifikationsanspruch, ob als Selbstaufopferung (heteronom, konstant) oder als rivalisierende Eroberungssucht (autonom, variabel), schlägt früher oder später um in die Isolation, die man vermeiden wollte.

Gegenpol zur Integration ist die Differenzierung. Sie ist die Unterscheidung zwischen mir und dem anderen. Wegen des Unterschieds erkennen und anerkennen wir die Eigenart des anderen als Individuum, so wie wir uns selbst als selbständiges Individuum fühlen. Wird die Eigenart und das Andersartig-Sein aber übersteigert, gerät man in die Isolation.

Wer sich in autoritärer Weise konstant autonom verhält und sich auf seinen eigenen Standpunkt fixiert, wird zum eigenwilligen Eigenbrötler. Er fühlt sich als Besserwisser und benimmt sich gegenüber anderen als Pedant. Er macht Ordnung um der Ordnung willen und läßt nur seine eigene gelten.

Die übersteigerte Ich-Haftigkeit ist hier offensichtlich. Aber derselbe Grund, nur geschickter verpackt, steckt in der Wichtigtuerei. Auch die Klugschwätzer und die Nörgler sind Wichtigtuer. Sie benützen eine scheinbare Sachlichkeit, um sich persönlich groß zu tun. Sie spielen sich in allem als Experten auf, obwohl sie sachlich nicht zuständig sind. Diese hochgestelzte Selbstherrlichkeit zerstört die Beziehung zu den anderen Menschen. Auch sie führt in die Isolation.

Die Differenzierung kann aber auch zur übersteigerten Unabhängigkeit, zur Flucht vor Bindungen ausarten. Dann wird die Konstanz gemieden und die Abwechslung, die Variabilität gesucht. Dieser gibt man sich heteronom rezeptiv hin. Man ist unersättlich und möchte immer neue, immer andere Reize erleben. Diese Bindungslosigkeit ist eine Flucht vor der Realität und führt ebenfalls zur Isoliertheit.

Die Realitätsflucht beginnt mit dem Drang, sich durch Zerstreuungen von den Aufgaben oder Schwierigkeiten abzulenken. Dazu dienen eine Vielzahl von Unterhaltungen, Zeitschriften, der maßlose Fernsehkonsum, die musikalische Dauerberieselung und der Drang wegzugehen und umherzureisen.

Die Flucht in Wunschvorstellungen, in einen idealisierenden Ästhetizismus, in religiöse oder politische Luftschlösser geschieht so häufig, daß solche Illusionisten und Phantasten einen großen Durchschnitt ausmachen. Dennoch ist ihre Haltung nicht normal.

# Die Dimension der subjektiven Werte

Wir sind gewohnt, mit objektiven Werten umzugehen. Genau festgelegt sind die Maßwerte des Kilogramms, des Liters, des Meters. Aber es gibt auch bestimmte Gold- und Geldwerte. Es gibt den Tageskurs für den Dollar, die Mark, den Franken, den Schilling, die Lire.

Im Gegensatz zu den objektiven, für eine Allgemeinheit gültigen Werte sind subjektive Bewertungen immer solche, die ein Mensch aus sich heraus trifft. Er bewertet eine Situation oder einen anderen Menschen als positiv oder negativ oder als gleichgültig. Meist heißt das Urteil »sympathisch« oder »unsympathisch«.

Wir sind gewohnt, feine Unterschiede aus Bewertungen herauszuhören. Sagt jemand: »Es sind sehr nette Leute«, dann lobt er sie. Heißt es aber: »Es sind ganz nette Leute«, so nehmen wir an, daß es sich um freundliche, aber uninteressante Menschen handelt.

Diese Äußerung enthält somit zwei Bewertungen. Eine positive, daß es freundliche Leute seien, und eine negative, daß sie aber langweilig sind.

Wir sollten aber nicht nur die beiden Pole positiv und negativ, nicht nur sympathisch und unsympathisch unterscheiden. Wir sollten hellhörig sein und genau beobachten, ob die Zustimmung und Sympathie in angemessener Weise geäußert wird, oder ob sie übertrieben und übersteigert ist.

Findet jemand etwas »sehr schön«, können wir es ihm glauben. Sagt er aber es sei »wahnsinnig schön«, zeigt die Übersteigerung, daß es ihm weniger um die Sache geht, sondern darum, das Gefühl der eigenen Begeisterung zu zeigen.

In »Signale der Persönlichkeit« (Econ Verlag) habe ich fünf verschiedene Stufen der Bejahung und der Verneinung unterschieden und auch die entsprechenden Ausdrücke in einer Liste aufgeführt.

Eine sachlich geäußerte Stellungnahme heißt ja oder nein.

Sachliche Beurteilungen sind affektfrei, ohne Sympathie oder Antipathie. Die Frage: »Hast du die Haustüre zugeschlossen?« kann mit einem emotionslosen Ja oder Nein beantwortet werden. Diese emotionslose, gefühlsneutrale Haltung, die einen Zustand sachlich beurteilt, bezeichnen wir in der Funktionspsychologie als emotionale Indifferenz und markieren sie mit dem Gleichheitszeichen =.

Eine ausdrückliche affektive Bejahung heißt beispielsweise »jawohl, genau, richtig, in Ordnung, einverstanden, o. k., klar«. Eine Verneinung und Kritik auf derselben Stufe lautet entsprechend »auf keinen Fall, kommt nicht in Frage, ausgeschlossen, niemals«.

Obwohl solche Worte eine persönliche Gefühlshaltung ausdrücken, kann die Bewertung dennoch sachbezogen und angemessen sein. Die emotionsfreie und ebenso die angemessene positive oder negative Bewertung bezeichnen wir funktionspsychologisch als: adäquat.

Adäquate Bewertungen sind: »Schau, wie schön die Blumen sind.« »Diesen Wein mag ich besonders gern.« »Mir gefällt's, wenn einer sagt, was er denkt.«

Und hier einige Beispiele für negative adäquate Bewertungen: »Ich finde es viel zu heiß in diesem Raum.« »Es stört mich, wenn Sie rauchen, während ich esse.« »Ich habe es nicht gern, wenn während des Essens über geschäftliche Angelegenheiten verhandelt wird.« »Das werde ich niemals unterschreiben.«

Obwohl sich in solchen Bewertungen entweder positive oder negative persönliche Gefühlshaltungen ausdrücken, sind sie zugleich sachbezogen. Sie zeigen entweder eine Zuwendung oder eine Abwendung.

In der Funktionspsychologie markieren wir die positive Zuwendung mit dem Zeichen +. Die negative Abwendung erhält das Zeichen −.

Es ist für uns alle wichtig und nützlich, hellhörig zu sein für die dritte Stufe der positiven oder negativen Bewertungen. Es muß uns bewußt sein, Bewertungen wie »Es ist wahnsinnig schön«, »Er ist unheimlich lieb« oder »Ich finde es zum Kotzen«, »Es ist alles Quatsch«, sagen nichts über die Sache, aber viel über die persönliche Haltung aus.

Solche Bewertungen beschreiben nur den ego-zentrischen Gefühlszustand. Sie beurteilen aber nicht die Sache und nicht die Situation oder die Menschen, um die es geht.

Derart übersteigert positive oder übersteigert negative Bewertungen sind der Realität nicht angemessen. Sie sind weder eine adäquate Zuwendung zur Wirklichkeit noch eine adäquate Abwendung von ihr.

Hinter nichtssagenden Urteilen wie: »Der Film war unheimlich gut« oder » Mein Freund ist irrsinnig toll«, die das egozentrische Gefühl dramatisiert darstellen, steht nur die Bewertung der eigenen Gefühle. Die Selbstbewertung ist entweder positiv übersteigert: »Ich bin es wert, einen irrsinnig tollen Freund zu besitzen«, oder sie ist negativ übersteigert, z. B.: »Ich kann machen, was ich will, es mißlingt mir immer.«

Die egozentrische Überbewertung kann sich direkt als Selbstüberschätzung, z. B. als angeberische Selbstbewunderung oder als wichtigtuerische, arrogante Selbstüberschätzung äußern, oder sie kann in illusionären Wünschen, Erwartungen oder Forderungen zum Ausdruck kommen.

Dem Pol der egozentrischen Selbstüberbewertung steht die Selbstunterbewertung gegenüber. Wir kennen den egozentrischen Teufelskreis aus der früheren, ausführlichen Darstellung und wissen, daß jede Selbstüberbewertung die funktionale Kehrseite einer Selbstunterbewertung ist.

Darum sind alle positiven Übersteigerungen gleichzeitig von negativen Übersteigerungen funktional abhängig.

Die Gegenseite ist nur deshalb oft nicht auffällig, weil sie zum bewußten Ich-Bild nicht paßt und darum verleugnet wird. Wer etwa sein schwaches Selbstvertrauen in einer Uniform versteckt, oder wer sich für bedeutend hält, weil er in einer renommierten Firma arbeitet, verleugnet damit sein Gefühl der Schwäche. Sie kommt aber zum Vorschein, wenn sich diese Menschen wegen Kleinigkeiten ärgern, leicht ungeduldig oder gereizt sind, häufig schimpfen und dadurch ihre ängstliche Unsicherheit verraten.

# Das Bewerten, das Beurteilen, das Verstehen

Nach der vorwiegend theoretischen Darstellung der Funktionspsychologie möchte ich mit Ihnen über etwas sprechen, das schwer zu formulieren ist.

Wir könnten harmonischer und besser leben, wir könnten uns befreien von Illusionen und Enttäuschungen, von Ärger und Depressionen, sogar von Angst und Einsamkeit könnten wir frei sein, wenn wir fähig wären, das als erlebte Einsicht zu verstehen, worüber ich mit Ihnen jetzt gerne reden möchte.

Um diese Freiheit zu erlangen, müssen wir uns zuerst darüber klarwerden, worin der Unterschied zwischen dem persönlichen Bewerten, dem objektiven Beurteilen und dem funktionalen Verstehen besteht. Besonders das abschätzige persönliche Bewerten (»Ich hasse es, wenn . . .«) kann uns das Leben schwer und verdrießlich machen.

Das objektive Beurteilen kann uns vieles erleichtern. (»Der Motor macht ein ungewöhnliches Geräusch. Es ist besser, wenn ich in die Reparaturwerkstatt fahre.«) Aber erst das funktionale Verstehen macht unser Leben sinnvoll und harmonisch. Ich möchte es mir bei dieser wichtigen Unterscheidung nicht bequem machen und nicht einfach ein paar abstrakte Definitionen angeben. Darum möchte ich meine Überlegungen an Beispielen erläutern, die ich selbst erlebt habe.

Vor längerer Zeit lernte ich den Unternehmer einer pharmazeutischen Firma kennen. Er war an einer wissenschaftlichen Zusammenarbeit mit mir interessiert. Sehr schnell entstand auch eine freundschaftliche Beziehung zwischen uns. Einige Jahre später wiederholte sich eine gleichartige Situation. Mit dem Leiter eines anderen medizinischen Unternehmens entstand eine langfristige gemeinsame Forschungsarbeit und eine erfreuliche private Beziehung.

Nach einiger Zeit war ich überzeugt, daß diese beiden Menschen nicht nur gleichartige berufliche Interessen haben, sondern auch in ihrem Charakter sehr ähnlich sind.

In der Annahme, daß sich beide gut verstehen, machte ich sie miteinander bekannt. Was ich erhoffte, trat ein. Sehr rasch entstand zwischen den beiden eine breitgefächerte, interessante berufliche Zusammenarbeit und auch eine starke private Beziehung, die nun schon viele Jahre dauert.

Bald stellte ich aber fest, daß in dem Maße, wie sich beide näher kamen, ihr Interesse an mir immer kleiner wurde. Was würden Sie empfinden, wenn die beiden Menschen, die Sie zusammengebracht haben, dadurch das Interesse an Ihnen verlieren?

Sie wissen, daß ähnliches recht häufig passiert. Ein Mann lernt die Freundin seiner Freundin kennen, und diese wird seine neue Partnerin. Was wird die frühere Freundin empfinden? Wird es Eifersucht und Haß sein?

Oder ist es möglich, solche Situationen unter einem ganz anderen Aspekt zu beurteilen? Gibt es ein Verstehen, das eine Enttäuschung, ein Gefühl der Benachteiligung gar nicht erst entstehen läßt?

In meiner damaligen Situation empfand ich zwar eine geringfügige Zurücksetzung. Es hat mich aber viel stärker beeindruckt, daß sich meine Erwartung erfüllt hat und wie gut sich die beiden beruflich und persönlich verstehen.

Bei dieser Gelegenheit konnte ich an mir gut beobachten, worin der Unterschied besteht zwischen dem persönlichen Bewerten, dem objektiven Beurteilen und dem funktionalen Verstehen.

Hätte ich Eifersucht empfunden, wäre das eine negative persönliche Bewertung der Situation gewesen. Ich wäre durch meine persönliche, negative Bewertung gekränkt, verärgert und enttäuscht gewesen.

Ich empfand aber ein Gefühl der Befriedigung, daß sich meine objektive Beurteilung als richtig erwiesen hat. Beide haben tatsächlich gut zusammengepaßt.

Aber es gibt noch einen dritten Aspekt. Man kann schwierige und konflikthafte Situationen auch funktional verstehen.

Das funktionale Verstehen läßt uns die sinnvolle Harmonie der Zusammenhänge erkennen. Das macht uns fähig, persönliche Bewertungen, Enttäuschungen und Ärger zu überwinden und auch schwierige Situationen zu bejahen.

In der wirklichen Einsicht, daß sich die beiden so gut ergänzen, daß ich als Dritter nicht mehr nötig bin, darin besteht das funktionale Verstehen. Dadurch erkennen wir erst, wie sich Zusammenhänge und auch scheinbare Gegensätze harmonisch ergänzen. Es vermittelt uns die Einsicht, daß sogar in dem Harmonie besteht, was uns persönlich als unangenehm oder als negativ erscheinen mag.

Es ist offensichtlich, die negative persönliche Bewertung aus Eifersucht oder verletzter Eitelkeit hätte mich unglücklich gemacht.

Die objektive Beurteilung, die richtige Einschätzung der Interessen und die der beiden Charaktere hat mich befriedigt.

Das funktionale Verstehen der harmonischen Ergänzung zwischen diesen beiden Menschen hat mich hingegen mit Freude erfüllt.

Ist das möglich?

Wenn Sie meinen, das sei unmöglich, denn so leicht werde man Neid und Eifersucht nicht los, dann haben Sie darin recht, daß es nicht leicht ist. Sie haben aber unrecht, wenn Sie glauben, mit unseren negativen Bewertungen würden wir der Wirklichkeit gerecht.

Ich bin davon überzeugt, daß wir bei allen negativen Bewertungen egozentrisch befangen sind und dabei die Wirklichkeit verkennen. Ich bin auch davon überzeugt, daß wir durch eine objektive Beurteilung die Egozentrizität überwinden. Ich glaube aber auch, daß wir durch das funktionale Verstehen der Zusammenhänge die überpersönliche Harmonie des Geschehens erkennen und bejahen können.

Früher war ich gewohnt, alles und vor allem die Menschen,

denen ich begegnete, in wenigen Augenblicken zu bewerten: »Die gefällt mir«, »Den find' ich gut«, »Eine Klasse-Frau«, »Ist die geschmacklos«.

Das sind keine Urteile, sondern Vorurteile. Vorurteile sind genaugenommen überhaupt keine objektiven Urteile, sondern persönliche Bewertungen.

Wie stark ich durch meine Vorurteile in egozentrischen Bewertungen befangen sein kann, habe ich in Paris kurz nach Beendigung meines Philosophiestudiums erlebt. Ich besuchte einen Bildhauer in seinem Atelier. Der graue Steinstaub überdeckte das Chaos des Wohn- und Arbeitsraumes. Ich war froh, daß er mich nicht bat, Platz zu nehmen. Rundherum Schmutz. Braungraue Ölflecken waren in den Zementboden eingedrungen. Von den Wänden war der Verputz teilweise abgeblättert. Bei einem der späteren Besuche, nachdem mir das Chaos und der Schmutz allmählich vertrauter geworden waren, fragte ich ihn, welche Farben er am liebsten habe. Er wies auf die Wand: »Diese Grautöne dort, wo der Verputz fehlt.« Verweilend schaute er sich um. Dann blieben seine Augen am Boden haften: »Dieses Braun hier bei dem Ölfleck mag ich auch sehr gern.«

Genau das, was mir als ungepflegt und schmutzig vorgekommen war, bedeutete für ihn Schönheit. Zum ersten Mal in meinem Leben betrachtete ich die Farben »des Schmutzes«, und ich sah, daß sie schön sind. Sie waren stiller, tiefer und reicher als die Tausende von künstlich hergestellten Farben, die ich in den Jahren zuvor in psychologischen Experimenten untersucht hatte.

In den folgenden Tagen schaute ich überall hin, wo ich »Schmutz« entdeckte. Die unverputzten Seitenwände der hohen Häuser, die die kleineren überragen, empfand ich am Tag zuvor noch als häßliche Schlamperei. Ab jetzt bedeutete mir das braungraue Farbenspiel dieser rohen Wände ein starkes ästhetisches Erlebnis. Verwitterte Ziegeldächer, altes Holz, alles enthüllte mir nun seinen natürlichen Farbenzauber.

In dem Maße, wie ich begann, die Vorurteile meiner egozentrischen Bewertungen abzulegen, öffnete ich mich für die objektive Wirklichkeit. Ich lernte vieles bejahen, das ich vorher verurteilt hätte.

Weil abschätzende Bewertungen Vorurteile sind, weisen sie uns stets auf unsere egozentrische Befangenheit hin. Darum ist es gerade dann fruchtbar, eine objektive Beurteilung zu finden und, wenn möglich, ein funktionales Verstehen zu erlangen.

Der erste Schritt ist stets, unser Egozentrieren in ein Objektivieren umzupolen: Ich frage nicht mehr, wie ist es für mich, sondern wie ist es an sich.

Weil ich mich bei meinen abschätzenden Bewertungen ertappen möchte, habe ich eine innere Alarmglocke. Sie läutet, wenn ich etwas als Dummheit, als Gemeinheit oder als Geschmacklosigkeit bewerte. Gerade in diesen Fällen möchte ich meine egozentrische Bewertung überwinden und mich im Objektivieren und im funktionalen Verstehen üben.

Dazu zunächst ein einfaches Beispiel. Am Nebentisch eines luxuriösen Restaurants saß eine etwa 40jährige Dame. Sie trug eine Bluse, die mit großen und ganz kleinen stilisierten Blumen und Blättern dicht übersät war. Auf weißem Grund wirbelten alle erdenklichen Rottöne durcheinander. »Mein Gott, wie geschmacklos!« dachte ich, worauf meine Glocke unverzüglich Alarm schlug.

Da die Seidenbluse absichtlich so ausgewählt worden sein muß, überlegte ich, wie das objektive Urteil lauten muß. Zunächst stellte ich fest, was mir auffiel. Es waren die Fülle an vielen großen und kleinen Formen und die vielen verschiedenfarbigen Rottöne. Das machte auf mich den Eindruck von vielen gegensätzlichen Reizen, von einer hektischen Reizflut.

Während ich mit der Bewertung »geschmacklos« nur eine zurückweisende Haltung einnahm und mich dadurch isolierte, verstand ich durch das objektive Beobachten und Beurteilen, was die Bluse ausdrückt.

Nun wollte ich diesen Menschen auch funktional verstehen.

Ich überlegte, was das funktionale Gegenteil von der hektischen Reizflut sein muß. Was ist der Gegenpol zu den hektischen, provozierenden Reizen?

Der Gegenpol ist die Ruhe, die Zufriedenheit, Verbundenheit und Geborgenheit. Unzufriedenheit, Ruhelosigkeit, das Fehlen von Bindung und Geborgenheit hängen funktional mit der hektisch, aufreizenden Provokation eines ungeduldig Begehrenden zusammen. Hier ist die Integration aus dem Gleichgewicht geraten: Das Begehren ist übersteigert und die Hingabe fehlt.

Nun schaute ich mir die Dame genauer an. Sie rauchte fast unablässig, hatte die Beine übereinandergeschlagen und wippte mit der Fußspitze. Ihre Fingerspitzen der linken Hand trommelten oder rieben auf dem Tischtuch. Sie hatte stark gefärbte Haare. Unter den Augen lagen Schatten, die von feinen, nervösen Fältchen durchzogen waren. Sie war allein und schien trotz der Unruhe niemanden zu erwarten.

Wenn ich jeweils auf diese Weise das funktionale Verständnis gefunden habe und dann an mein Vorurteil und meine egozentrische Bewertung »geschmacklos« oder »gemein« oder »dumm« zurückdenke, dann fühle ich mich jedesmal sehr betroffen.

Dann aber, wenn mich eine Situation wie das nächste Beispiel selber angeht und mich ärgert, kränkt oder enttäuscht, dann führt das funktionale Verstehen zu einem Aha-Selbsterlebnis.

Es ist erst ein Jahr her, daß ich mich während längerer Zeit über etwas geärgert habe. Dann dachte ich an das Möwenbeispiel und sagte zu mir: »Hör jetzt endlich auf, dich zu ärgern. Was hast du selbst falsch gemacht, daß du in diese Situation gekommen bist. Versuch doch einmal, das Ganze im funktionalen Zusammenhang zu verstehen.«

Anlaß zu diesem Ärger war eine Talkshow innerhalb eines sehr populären Unterhaltungsprogramms im Fernsehen. Ich wurde eingeladen, nützliche Wege zur Selbsterkenntnis zu zei-

168

gen und über deren praktische Anwendung im menschlichen Zusammenleben zu sprechen.

Die Vorbereitung der Sendung erforderte mehrere Reisen ins Ausland und zwölf Tage für Besprechungen. Da es eine Lifesendung war, hatte ich für die Zuschauer einige Spiele entwickelt, an denen sie selbst teilnehmen und dadurch ihre Selbsterfahrungen machen konnten. Auch das Interview-Gespräch wurde genau festgelegt, damit der Zuschauer erkennen konnte, auf welchem Weg er sein inneres Gleichgewicht findet.

Bei der Sendung ließ der Interviewer zwar all die attraktiven Spiele zur Unterhaltung des Publikums machen, aber das Gespräch über die Selbsterfahrung und über die Verbesserung der menschlichen Beziehungen versuchte er zu unterdrücken.

Ihm lag es nur daran, reizvolle Spiele zu zeigen und für die Zuschauer ein unterhaltsamer Showmaster zu sein. Er benützte sogar unredliche Irreführungen, damit er beim Publikum gut ankam. Nach Sendeschluß lautete das Urteil: »Es war interessant, lebhaft und attraktiv. Es ist sehr gut angekommen.« Ich aber fühlte mich betrogen.

Die ersten drei Anrufe, die ich bekam, lauteten übereinstimmend: »Es war interessant und gut, aber ich hatte eine Wut, daß er jeden guten Gedanken unterbrochen oder abgewürgt hat.«

Als ich das Wort Wut zum dritten Mal hörte, fiel mir ein: »Ich könnte eigentlich ebenfalls eine Wut haben.« Mich hatte der nutzlose, große Aufwand und besonders die unredliche Irreführung geärgert. Vor allem hatte ich bedauert, daß ich nichts über die Wege zur Selbsterkenntnis und zum inneren Gleichgewicht sagen konnte.

Um das Ärgernis endlich los zu werden, stellte ich mir die drei Fragen: Wie ist die Situation, wenn ich sie bewerte, wie ist sie, wenn ich sie objektiv beurteile, und wie sieht es aus, wenn ich sie funktional verstehe?

Auf diese gezielten Fragen fand ich auch die drei Antworten.

An die Stelle des Ärgers und des Bedauerns trat das funktionale Verstehen. Ich hatte ein Aha-Selbsterlebnis, eine erlebte Einsicht, die mir inzwischen schon oft nützlich gewesen ist.

Ich beantwortete die drei Fragen in folgender Weise: Wenn ich die Sendung objektiv beurteile, war sie für das Publikum eine gute Unterhaltung. Aber ich hatte viel unnütze Arbeit geleistet und nicht erreicht, was ich wollte.

Da ich die Sendung gleich zu Anfang objektiv beurteilen konnte, entstand keine persönliche Bewertung und damit auch keine Wut auf den Showmaster.

Dann stellte ich mir die schwierigste der drei Fragen: Worin besteht der funktionale Zusammenhang zwischen mir und der Situation, die mich geärgert hat?

Zunächst erkannte ich, daß der Showmaster und ich gegensätzliche Interessen hatten. Er war auf Sensationen und attraktive Unterhaltung aus. Ich hingegen wollte den Zuschauern den Weg zur Selbsterkenntnis vermitteln.

Amüsante Unterhaltung hat ihre Berechtigung. Selbsterkenntnis und Sinnverständnis haben auch ihre Berechtigung. Aber das eine hat mit dem anderen nichts zu tun.

Warum sah ich das vorher nicht klar genug? Warum war ich so blind für die Realität? Die Antwort ist wie immer dieselbe: wegen meiner egozentrischen Befangenheit.

Bei dieser Feststellung dürfen wir aber nicht stehenbleiben. Erst der nächste Schritt führt uns zum funktionalen Verstehen und dadurch zur Reifung. Das ist das Ziel der Therapie. Mit diesem Schritt gewinnen wir die Einsicht in die Egozentrizität mit ihren beiden Ich-Polen, dem bewußten, bejahten und dem verleugneten, meist unbewußten Ich-Pol.

Dazu müssen wir jedesmal folgende vier Fragen stellen. Wenn wir nicht eine oder, wenn möglich, zwei, mit Ja beantworten können, bleibt uns die Einsicht in die Egozentrizität verschlossen.

1 a Habe ich mich zu autonom, also autoritär verhalten?

1 b Habe ich mich zu heteronom, also beeinflußbar verhalten?

2 a Habe ich mich zu fixiert konstant verhalten?

2 b Habe ich mich zu wechselhaft variabel verhalten?

Meine zwei Antworten waren:

Da ich mein eigenes Thema vorbringen wollte, war ich zu autonom (1 a).

Da ich nie die Absicht hatte, die Zuschauer zu amüsieren, sondern bei meinem Thema bleiben wollte, war meine Haltung fixiert konstant (2 a).

Ich verhielt mich also autoritär und fixiert. Eine solche Haltung bedeutet: Selbstbehauptung, Geltungsanspruch und als Selbstgefühl: Selbstüberbewertung. Das entspricht der funktionspsychologischen Struktur 2 (siehe: Theorie der Funktionspsychologie).

Außerdem führt die Struktur 2 als autoritäre Fixiertheit zur Isolation.

Der Zuschauer konnte übrigens an meiner Körperhaltung erkennen, wie ich aus einer anfänglich sehr entgegenkommenden, offenen Haltung mich allmählich zurückzog und mich vom Showmaster distanzierte.

Zuletzt muß ich zu meiner Ich-Haltung (Struktur 2) noch den verleugneten unbewußten Gegenpol finden. Das wird kaum möglich sein, ohne die funktionspsychologischen Dimensionen zu kennen. Weiß ich aber, daß ich zu sehr autonom und konstant bin (Struktur 2), dann ist der verleugnete Gegenpol das heteronom variable Verhalten (Struktur 4). Es bedeutet Loslösung, Freiheit. Als Selbstgefühl ist es die innere Freiheit. Sie hat mir gefehlt. Den Mangel an innerer Freiheit haben wir als Selbstzwang (−4) kennengelernt. Der Selbstzwang äußert sich als Ehrgeiz (siehe: Tabelle der vier Selbstgefühle). Kombiniere ich nun die beiden Ich-Pole: den Geltungsanspruch (Struktur +2) mit dem ehrgeizigen Selbstzwang (−4), dann re-

171

sultiert daraus die Kombinationsstruktur (+2 −4) des selbstunsicheren Respektforderers, des Perfektionisten und kritischen Beobachters, der sich durch seine Haltung isoliert.

Die Enttäuschung und der auffallend lange dauernde Ärger nach der Sendung haben mich veranlaßt, meine egozentrischen Ich-Pole funktionspsychologisch zu untersuchen. Das funktionale Verstehen meiner Selbstgefühle, besonders der Zusammenhang des Selbstzwanges mit dem Geltungsanspruch, haben mich zu einem starken Aha-Selbsterlebnis geführt. Ich erkannte, daß ich zum Perfektionisten geworden war. Ich sah, daß ich mich durch das Beobachten, Beurteilen und besonders durch das Analysieren in eine isolierende Distanz begeben hatte. Mit Erschrecken stellte ich fest, daß ich die innere Freiheit in dem Maße verloren hatte, wie ich mit der sachlichen Leistung einen persönlichen Geltungsanspruch verband.

Dieses Aha-Selbsterlebnis ist für mich inzwischen für viele Entscheidungen und Handlungen maßgebend geworden.

Es ist wichtig zu wissen, daß jeder Ärger, jede Enttäuschung, jede Unzufriedenheit als Schlüssel zur funktionalen Selbsterkenntnis und damit zur eigenen Reifung dienen kann.

# Übersicht über die vier Dimensionen
## der Funktionspsychologie

| Dimension | funktionale Kategorie | abnorme Übersteigerung | funktionales Gleichgewicht |
|---|---|---|---|
| *Zeit* | konstant variabel | fixiert agitiert | rhythmisch |
| *Raum* (Gestalt) | autonom heteronom | autoritär beeinflußbar | harmonisch |
| *Relation* | integrierend differenzierend | abhängig isoliert | kommunikativ |
| *Wert* | positiv negativ | Überanspruch Angst | adäquat |

Das funktionale Gleichgewicht (rhythmisch, harmonisch, kommunikativ und adäquat) ist das Ziel der emotionalen Reifung, der Pädagogik und Psychotherapie.

Für Emotionen, die abnorm übersteigert sind (»Neurosen«), zeigt die funktionspsychologische Therapie-Strategie, welche Umstrukturierung erforderlich ist (siehe: Teil IV: »Theorie der Funktionspsychologie«: »Das Therapie-Ziel«).

173

# III. Teil

# Die vier Aspekte der objektiven Welt

Es ist das besondere Anliegen dieses Buches, die subjektive Wirklichkeit und die Selbstgefühle verständlich zu machen. Wo aber ordnen wir diese subjektive »andere Wirklichkeit« ein, wenn wir die Wirklichkeit unter dem üblichen, objektiven Gesichtspunkt betrachten?

Die sogenannte objektive Wirklichkeit nehmen wir mit unseren Sinnen wahr. Wir erfahren sie als unsere »äußeren« Lebensbedingungen. Wir versuchen, sie mit der objektiven Wissenschaft zu analysieren und zu erkennen.

Die objektive Wirklichkeit kann zunächst nach zwei Gesichtspunkten unterschieden werden.

Der eine Aspekt fragt, ob das Objekt körperhaft konkret existiert oder ob es eine abstrakte Vorstellung ist. Konkret oder abstrakt, ist die eine Frage, die wir an die objektive Wirklichkeit stellen.

Die zweite Frage, die uns bei der Beurteilung eines Objektes ebenfalls wichtig ist, heißt: Inwiefern ist das Objekt mit mir gleichartig? Was hat es mit mir persönlich zu tun? Oder ist das Objekt für mich fremdartig? Habe ich nur eine sachliche Beziehung zu ihm?

Die zweite Frage unterscheidet also zwischen gleichartig und fremdartig. Meist lautet die Unterscheidung: »Ist das sachlich oder persönlich?« oder: »Ist das rein theoretisch oder hat das (für mich) einen praktischen Nutzen?« Die populäre Kurzfassung dieser Frage heißt: »Was nützt es mir?« »Was profitiere ich dabei?« Für das Fremdartige, Sachliche, »rein

Objektive«, »rein Theoretische« haben die meisten kein Interesse. Ihre Welt ist vorwiegend egozentrisch.

Wenn wir Konkretes und Abstraktes unterscheiden und diese beiden nach den Gesichtspunkten fremdartig – sachlich oder gleichartig – persönlich unterteilen, dann gibt es vier Hauptaspekte der objektiven Wirklichkeit.

|  | *konkret* | *abstrakt* |
|---|---|---|
| *fremdartig* | konkret fremdartig | abstrakt fremdartig |
| *gleichartig* | konkret gleichartig | abstrakt gleichartig |

Der Wissenschaftstheoretiker Karl Popper hat eine Drei-Welten-Theorie beschrieben. Sie scheint mit drei von unseren vier Aspekten übereinzustimmen.

Popper unterscheidet die Welt der physikalischen Körper: ein Stein, ein Metall etwa. Sie ist konkret und fremdartig, sachlich.

Dann nennt er die Welt des Subjekts, der Gefühle und all dessen, was die Psychologie angeht. Sie ist abstrakt und betrifft das Gleichartige, Persönliche.

Eine dritte Welt hat die Theorien und Geisteswissenschaften zum Inhalt. Sie ist ebenfalls abstrakt, betrifft aber das Unpersönliche, Fremdartige, Sachliche.

Neben dieser Übereinstimmung mit den drei Welten von Karl Popper drängt sich uns aber die Frage auf, ob es nicht auch einen vierten Aspekt gebe?

Gibt es etwas, was zum Gleichartigen, Persönlichen gehört, aber zugleich körperhaft konkret ist?

Diesen vierten Aspekt oder diese vierte »Welt« gibt es tatsächlich, wenn man den lebenden Körper, den »beseelten

Leib« und damit den ganzen Bereich der Psychosomatik für wichtig hält.

Ich bin der Meinung, daß meine Hand, die diese Zeilen schreibt, die Schmerz und Zärtlichkeit empfinden kann, etwas wesentlich anderes ist als eine Hand, die als fremder Körper im Anatomiesaal seziert wird.

Es ist die Aufgabe der objektiven Wissenschaften, die vier Aspekte in ihre einzelnen Bereiche zu gliedern. Die nachfolgende Übersichtstabelle soll nur zeigen,

1. wie der objektive Aspekt der Wirklichkeit gegliedert werden kann,
2. welches der Standort des Subjekts und der Funktionspsychologie innerhalb der objektiven Betrachtung ist,
3. was zu den wichtigen Bereichen innerhalb der vier Aspekte gehört.

Die Härte von Eisen hat direkt nichts mit der Härte eines Menschen zu tun. Darum gibt es nur Analogiebeziehungen zwischen den vier Aspekten. Besonders falsch können Schlüsse sein von einem objektiven (fremdartigen) Aspekt, z. B. des anatomischen Körperbaus, auf einen subjektiven (gleichartigen), nämlich auf die Gefühle der betreffenden Person.

# Tabelle der vier Aspekte der objektiven Welt

Identität    entweder fremdartig (objekthaft)
             oder     gleichartig (subjekthaft)

Realität     entweder konkret (körperlich)
             oder     abstrakt (vorstellungshaft)

|  | konkret | abstrakt |
|---|---|---|
| *fremdartig* (sachbezogen) (»außen«) | *fremde Körper*<br><br>● Naturwissenschaften z. B. Physik, Chemie, Biologie | *fremdbezogene Vorstellungen*<br>● Philosophie z. B. Logik, Mathematik, theoretische Ästhetik, theoretische Ethik |
| *gleichartig* (persönlich) (»innen«) | *eigener Leib*<br><br>● Psychosomatik<br>a. Sinnesempfindungen, Farbe, Form, Töne, Geruch<br>b. psychovegetative und innere Leibempfindungen<br>c. Motorik, Gestik<br>d. psychosomatische Erkrankungen | *selbstbezogene Vorstellungen* (imaginär)<br>● Psychologie Selbsteinschätzung, Stimmung, Gefühle<br>● Psychopathologie<br>● Soziologie<br>a. Gemeinschaft, Intimpartner<br>b. Ideologien, Religion<br>c. Gesellschaft, Politik |

# IV. Teil

# Theorie der
# Funktionspsychologie

Kurzfassung der theoretischen Grundlagen der Funktionspsychologie.

Die Naturwissenschaft definiert das *Objekt quantitativ* mit einem Zahlensystem. Die Funktionspsychologie definiert das *Subjekt qualitativ* mit einem Begriffssystem. Beide Systeme unterscheiden die vier Dimensionen: 1. Zeit, 2. Raum, 3. Relation, 4. Wert.

| *objektiv*<br>(Naturwissenschaft) | *subjektiv*<br>(Funktionspsychologie) |
|---|---|
| 1. objektive Zeit<br>(Meßpunkt zur Bestimmung des Vergangenen und des Zukünftigen) | 1. subjektive Zeit<br>(als erlebte Gegenwart einschließlich der erlebten Erinnerungen) |
| 2. objektiver Raum<br>(als Länge, Höhe, Breite) | 2. subjektiver Raum<br>(als autonome oder heteronome Position, als psychischer Raum, als Gestalt) |
| 3. objektive Relation<br>(z. B. als km pro Stunde) | 3. subjektive Relation<br>(als soziale Integration oder Differenz) |
| 4. objektiver Meßwert<br>(z. B. als 1 kg, 1 m, 1 l) | 4. subjektive Bewertung<br>(als Bevorzugung oder Ablehnung) |

# 1. Die subjektive Zeit

Als subjektive Zeit verstehe ich die Relation zwischen den beiden Polen: *konstant* und *variabel*.

1.1 Die ausgeglichene, wechselweise Beziehung zwischen konstant und variabel heißt: *rhythmisch* (z. B. Atmung; Puls usw.).

1.2 Die Übersteigerung der Variabilität heißt: *agitiert* (z. B. Hektik, Manie).

1.3 Die Übersteigerung der Konstanz heißt: *fixiert* (z. B. Trotz, Katatonie).

1.4 Es gibt mehrere Begriffe, die eine gleiche oder ähnliche Symbolbedeutung haben:

| *für variabel* | *für konstant* |
|---|---|
| Veränderung | Zustand |
| Entwicklung | Stagnation |
| Anfang | Ende |
| Licht | Dunkelheit |
| warme Farbe | kalte Farbe |
| äußerlich | innerlich |
| Umwelt | Ich |
| Extraversion | Introversion |

## 2. Die Gestalt des subjektiven Raumes

Der subjektive, psychische Raum, den ich als Gestalt bezeichne, hat zwei verschiedenartige Pole, die die Positionen definieren.

*autonom*    (direktiv, bestimmend, anordnend) und
*heteronom*  (rezeptiv, sich bestimmen lassend, annehmend)

Das Anordnen (das, was ich organisiere, gestalte) ist autonom (z. B. den Tisch decken). Die Anordnung konstituiert die Gestalt. Akzeptiere ich die Anordnung, bin ich heteronom.

2.1 Die ausgeglichene, wechselweise Beziehung zwischen autonom (anordnend) und heteronom (annehmend), also das Gefüge von direktiv und rezeptiv oder von führen und sich führen lassen, heißt: *harmonisch* (z. B. ich empfinde ein Bild als harmonisch, wenn ich die autonome Anordnung von Formen und Farben heteronom akzeptiere).

2.2 Die Übersteigerung der Autonomie heißt: *autoritär* (z. B. eine schulmeisternde oder sadistische Haltung).

2.3 Die Übersteigerung der Heteronomie heißt: *suggestibel, beeinflußbar* (z. B. vertrauensselige Leichtgläubigkeit oder masochistische Abhängigkeit).

2.4 Es gibt für heteronom und autonom mehrere Begriffe, die eine gleiche oder ähnliche Symbol-Bedeutung haben:

| *für heteronom* | | *für autonom* | |
|---|---|---|---|
| weiblich | männlich | feuchte Art | trockene Art |
| weich | hart | romantisch | klassisch |
| Gefühl | Wille | linke Seite | rechte Seite |

2.5 Gestalt-Relationen können an konkreten Körpern erlebt werden (z. B. der Ausdruck einer Handbewegung; die akustischen Reize einer Melodie), oder sie können bildhafte oder abstrakte Vorstellungen sein (z. B. der Kreis als Symbol der Einheit; chemische Strukturformeln; Organigramme; die Empfindung bei einem Quadrat, einem Kreis, einem Dreieck).

2.6 Die subjektive Realität wird meist zugleich räumlich als Gestalt und auch zeitlich erlebt (z. B. der Verlauf einer Melodie).

2.7 Werden die beiden Dimensionen kreuzweise angeordnet, entstehen vier Quadranten. Ich nenne sie die *vier Grund-Strukturen* (die vier »Archetypen«).

2.8 Ich habe den vier Grundstrukturen außerdem vier ganz bestimmte Farbtöne zugeordnet. Sie repräsentieren diese vier Grundstrukturen durch vier objektiv wahrnehmbare Empfindungen.

2.9 Die vier Grundstrukturen sind

| Struk-tur | Farbe | physiologisch | Selbst-gefühl | Zweck |
|---|---|---|---|---|
| 1 | Lüscher-Blau | Ruhe | zufrieden | Befriedigung |
| 2 | Lüscher-Grün | Spannung | ernst | Sicherheit |
| 3 | Lüscher-Rot | Erregung | lebhaft | Eroberung |
| 4 | Lüscher-Gelb | Lösung | heiter | Freiheit |

Jede der vier Grundstrukturen kann unter verschiedenen Gesichtspunkten beschrieben werden:

| als Testfarbe | z. B. Lüscher-Blau |
|---|---|
| als physiologischer Zustand | z. B. Ruhe |
| als Selbstgefühl | z. B. zufrieden |
| als Verhaltensweise | z. B. sich anpassen |
| als Zweck | z. B. Befriedigung |

agitiert

suggestibel

Lösung + 4
a) heiter
b) Neues erleben
c) Freiheit

VARIA-BEL

+ 3 Erregung
a) lebhaft
b) bewirken
c) Eroberung

HETERONOM
annehmen
rezeptiv

misch
harmonisch
rhyth

AUTONOM
anordnen
direktiv

autoritär

Ruhe + 1
a) zufrieden
b) sich verbinden
c) Befriedigung

KON-STANT

+ 2 Spannung
a) ernst
b) gelten, besitzen
c) Sicherheit

fixiert

# 3. Die Relation

Die vier Strukturen (1, 2, 3, 4) können in die vier Quadranten eines Quadrates aufgeteilt werden. Jeweils zwei Grundstrukturen bilden ein Paar. Jedes Paar hat eine Gemeinsamkeit. Es steht einem anderen Paar als Gegensatz gegenüber.

Das Paar 1 und 2 ist konstant. Das Paar 3 und 4 ist variabel.

Das Paar 2 und 3 (Autonomie) steht dem Paar 1 und 4 (Heteronomie) gegenüber.

In der quadratischen Anordnung steht das diagonale Paar 1 und 3 dem diagonalen Paar 2 und 4 als Gegensatz gegenüber. Diese Paarung ergibt sich aus der Relation der Dimension Zeit mit der Dimension Raum (Gestalt).

3.1 Ich bezeichne diese dritte Dimension als *soziale Relation*. Sie mißt das soziale Verhalten. Die soziale Relation hat die beiden Pole: *integrierend* und *differenzierend*.

Die Struktur 1 bedeutet: sich integrieren, sich einordnen.
Die Struktur 3 bedeutet: den anderen integrieren, erobern.

Auf entgegengesetzten Wegen bezwecken beide die Integration.

3.2 Sie wird im Extremfall zur völligen Angleichung, zur *Identifikation*.

3.3 Die Struktur 2 bedeutet: Selbstbehauptung, Geltung.
Die Struktur 4 bedeutet: Loslösung, Freiheit.

Auf entgegengesetzten Wegen bezwecken beide eine individuelle Differenzierung (Individualisation, Separierung, Distanzierung).

3.4 Sie wird im Extremfall zur *Isolation*.

3.5 Die ausgeglichene, wechselweise Beziehung zwischen gemeinschaftlicher Integration und individueller Differenzierung heißt: emotionale *Kommunikation*.

# 4. Die Bewertung

Die subjektive Einschätzung eines Wertes heißt: *Bewertung*.
Eine Bewertung liegt zwischen den beiden Polen: positiv und
negativ.

Der Mensch weiß, wie sehr er der Veränderung (Variabilität)
ausgeliefert (heteronom) ist. Weil er autonome, konstante Si-
cherheiten sucht, meint er, mit Bewertungen (positiv oder negativ bzw. sympathisch oder unsympathisch etc.) diejenige
Struktur oder Lebenseinstellung zu finden, die für ihn wertvoll
sei. Andererseits vermeidet er oder lehnt er jene Struktur oder
Einstellung ab, die er für nachteilig hält. Die für Menschen
typische Neigung, alles zu taxieren, was ihn interessiert, (als
positiv oder negativ bzw. sympathisch oder unsympathisch),
ergibt die vierte Dimension: die Bewertung. Sie ist immer eine
persönliche Bewertung oder eine gruppenweise, persönliche
Bewertung (z. B. des Geldes).

Es gibt mehrere Begriffe für die Bewertung:

| *für positiv* | *für negativ* |
|---|---|
| Zuwendung | Abwendung |
| plus | minus |
| Bejahung | Verneinung |
| sympathisch | unsympathisch |
| schön | häßlich |
| nützlich | schädlich |
| Himmel | Hölle |

4.1 Der reife Mensch orientiert sich an der Realität. Er beurteilt die Realität, ohne sie ego-zentrisch zu bewerten. Der reife
Mensch nimmt von Situation zu Situation diejenige Struktur-
haltung ein, die der Realität bestmöglich angemessen ist:
1 oder 2 oder 3 oder 4.

Die »Psyche« registriert die Reize, die a) vom eigenen Körper oder b) von Vorstellungen oder c) von der Umwelt kommen. Sie registriert sie als konstant oder variabel und als autonom oder heteronom. Damit ordnet sie jedem Reiz eine der vier raum-zeitlichen Strukturen zu, z. B. »hart« den autonomen, »weich« den heteronomen Empfindungen.

Wärme entspricht der Struktur 3 (Lüscher-Rot), Kälte der Struktur 2 (Lüscher-Grün). Schwer und entspannt entspricht der heteronom-konstanten Ruhe, der Struktur 1 (Lüscher-Blau). Leicht und locker entspricht der heteronom-variablen Struktur 4 (Lüscher-Gelb).

4.2 Der unreife Mensch ignoriert, mißversteht oder mißachtet die Realität. Statt daß er vergleicht und beurteilt, bewertet er eine Situation nach egozentrischen Gesichtspunkten (z. B. »Es ist eine Gemeinheit, daß man mich einfach vergessen hat«). Dadurch verursacht er Mißbehagen und Konflikte.

Er hat sich, meist in der frühen Kindheit (z. B. im Umgang mit der Mutter), eine bestimmte Taktik angewöhnt. Mit dieser Taktik oder Haltung, mit dieser selben Struktur reagiert er trotz der Verschiedenartigkeit der Situationen (z. B. mit Trotz oder Schmeichelei oder mit Wehleidigkeit oder Aggression). Damit überbewertet er eine der vier Strukturen, zugleich unterbewertet er eine der drei anderen. Diese egozentrischen, realitätsfremden Haltungen erzeugen Konflikte mit sich selbst und mit anderen (»Neurosen«). Dadurch verliert er das Gleichgewicht, den Ausgleich zwischen Autonomie und Heteronomie (dann ist seine Harmonie gestört), oder zwischen Konstanz und Variabilität (dann ist sein Rhythmus gestört).

4.3 Ich bin der Meinung, daß solche einseitigen Haltungen (also: Bedürfnisfixierungen, Abhängigkeiten, politische, religiöse, soziale oder körperbezogene Ideologien, neurotische

Haltungen usw.) deshalb eingenommen werden, weil man sich einbildet, auf diesen Irrwegen das Heil (Harmonie und Rhythmus) zu finden.

Die »Psyche« ist ein System, das sich selbst reguliert. Sie versucht, eine überbewertete Struktur (++) durch die Unterbewertung einer anderen Struktur auszugleichen. Ebenso versucht sie, eine unterbewertete (−−) durch eine überbewertete (++) Struktur auszugleichen.

Für diese gesetzmäßige Abhängigkeit zwischen Überbewertung (++) und Unterbewertung (−−) (was mit dem Bild einer Balancewaage und den beiden Waagschalen anschaulich wird) habe ich den mathematischen Begriff »Funktion« gewählt.

Die Methode heißt deshalb *Funktionspsychologie.*

Durch die Überbewertung (++) einer Struktur ist (nach dem Gesetz der funktionalen Abhängigkeit) eine der drei anderen Strukturen unterbewertet (−−).
Ist hingegen eine Struktur −−, dann ist eine der drei anderen Strukturen ++.

Diese funktionale Ergänzung durch das Gegensätzliche ist im Auto-Regulationssystem der »Psyche« begründet. Deshalb bezeichne ich die beiden gegensätzlichen Haltungen (++ und −−) als »innere Gegenspieler« oder als »egozentrischen Dialog«. Das Spannungsgleichgewicht zwischen den beiden Ich-Polen (++ und −−) erzeugt eine ego-zentrische Befangenheit im egozentrischen Teufelskreis. Sie mindert oder verhindert den Bezug zur Realität und damit das harmonische Gleichgewicht zwischen Subjekt und Objekt (Mitmensch, Umwelt).

4.4 Bei der egozentrischen Ich-Polarisierung (++ und −−) wird oft diejenige Seite, die verleugnet wird und unbewußt bleibt (— —), durch ein Objekt der Umwelt (durch einen Partner oder eine Tätigkeit) ergänzt. Solche Objekte dienen zur Kompensation. Kompensationen sind konfliktverursachende Abhängigkeiten (neurotische Bindungen, Ideologien).

Überbewertung und Unterbewertung äußern sich als gegenseitige, funktionale Abhängigkeit, z. B. die Funktionalität zwischen Illusion und Angst oder zwischen »Himmel« und »Hölle«. Angst erzeugt illusionäre Wünsche, und illusionäre Wünsche erzeugen Angst. Der Profit der Angst besteht darin, daß die Illusion (die Einbildung) und Selbsttäuschung aufrechterhalten werden kann, solange die Angst (die Abwehr, die Gehemmtheit) andauert.

4.5 Jede der vier psychischen Strukturen (1, 2, 3, 4) ist in einem bestimmten Funktionszustand, der markiert wird.

Ist der Zustand ausgeglichen, wird er markiert mit:     =

Eine Struktur kann positiv bewertet sein (»sympathisch«). Diese Funktion heißt: Zuwendung.
Markierung:     +
Eine Struktur kann negativ bewertet sein. Diese Funktion heißt: Abwendung.
Markierung:     —

Eine Funktion kann egozentrisch überbewertet sein. Diese Funktion heißt: Überanspruch; Illusion; »Himmel«.
Markierung:     + +
Eine Funktion kann egozentrisch unterbewertet sein. Diese Funktion heißt: Gegenwendung; Angst; »Hölle«.
Markierung:     — —

Diese Bewertungen bilden die vierte, die senkrechte Dimension. Aus dem Quadrat entsteht somit ein Würfel.

## 5. Der Würfel der Funktionspsychologie

(Hinweis: Der Würfel steht hier psychologisch richtig im Raum. Auf den Protokollblättern des Lüscher-Tests ist er hingegen so gedreht, daß die linke Seite konstant und die rechte variabel ist, damit er mit der nach rechts laufenden Schreibrichtung übereinstimmt.)

Bei Konflikthaltungen (»Neurosen«) werden bestimmte Ecken überbewertet und darum mit + + markiert, andere werden unterbewertet und mit − − gekennzeichnet.

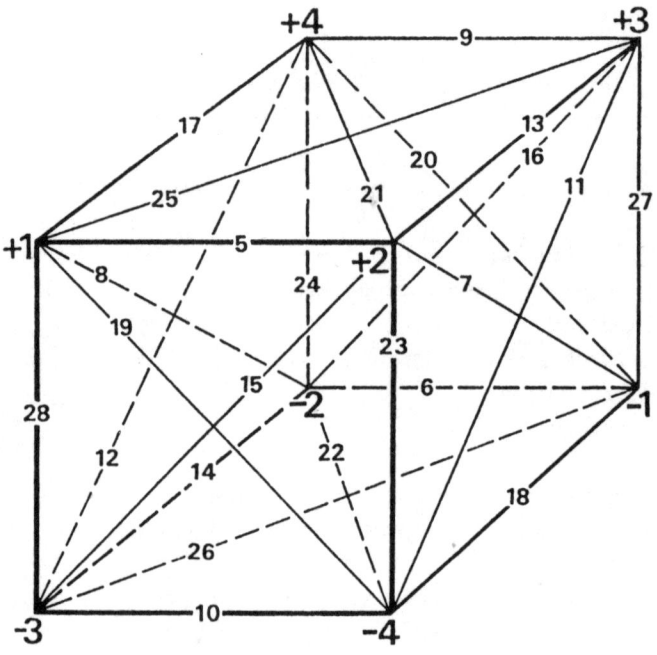

Die linke Seite ist heteronom:  +4 und +1 sowie −3 und −2
Die rechte Seite ist autonom:   +2 und +3 sowie −4 und −1

Die vordere Seite ist konstant: $+1$ und $+2$ sowie $-3$ und $-4$
Die hintere Seite ist variabel: $+3$ und $+4$ sowie $-1$ und $-2$

Die Diagonale 1 mit 3
  ist Integration: $+1$ und $+3$ sowie $-2$ und $-4$
Die Diagonale 2 mit 4
  ist Differenzierung: $+2$ und $+4$ sowie $-1$ und $-3$

Die Oberseite ist: $+$ (die Überbewertung $++$)
Die Unterseite ist: $-$ (die Unterbewertung $--$)


## 5.1 Die Bedeutung der 8 Würfelecken

$+1$ Geborgenheitsbedürfnis     $-1$ Entfremdung

$+2$ Geltungsanspruch     $-2$ Behinderung

$+3$ Herausforderung     $-3$ Überforderung

$+4$ Befreiung     $-4$ Verlorenheit

5.2 Die Kombination der Würfelecken: Die Kombinations-Strukturen

Die 24 Verbindungslinien zwischen den 8 Würfelecken vermitteln die wichtigen Einsichten in die Grundhaltung einer Persönlichkeit.

Davon verbinden 12 Linien eine überbewertete Struktur (++; oben) mit einer unterbewerteten (−−; unten).

Die vier senkrechten Würfelkanten entsprechen den vier bekannten Neurosenformen:

++ 1 −− 2   SCHIZOID

++ 3 −− 3   DEPRESSIV

++ 2 −− 4   ZWANGHAFT

++ 4 −− 1   HYSTERISCH

Das sind zwar die vier bekannten »Neurosen« der unsystematischen Psychologie; aber unter den 24 Kombinationsstrukturen finden sich statistisch häufiger bestimmte andere, als diese vier »Neurosen«, z. B. ++ 4 −−1 der Bindungsverlust und ++ 1 −− 4 die Anklammerung aus Angst vor dem Bindungsverlust.

## 5.3 Die Funktionalität der 12 Kombinationsstrukturen
(Die Kombinationen von ++ mit −−)

Die folgende Tabelle charakterisiert in Stichworten das Verhalten, wenn eine Struktur überbewertet und eine andere unterbewertet ist.

Die beiden sich jeweils funktional ergänzenden Strukturen sind einander horizontal gegenübergestellt. Beide sind bei einem egozentrischen (»neurotischen«) Menschen gleichzeitig vorhanden. Die eine Seite charakterisiert die Ich-Haltung. Die funktionale Umkehrung steht rechts daneben. Sie zeigt das verleugnete Motiv. Diese bei sich verleugnete Seite wird meist beim Partner gesucht oder auf den Partner projiziert.

Unter besonderen Umständen, wie Streß oder Entlastung, können sich die beiden funktionalen Seiten (Motiv und Verhalten) bei einem Menschen umkehren, z. B. aus ++1 −−4 wird ++4 −−1.

5.4 Die 12 funktionalen Haltungen und ihre Therapie-Ziele

Die Würfel-Kombinationen von ++ mit --.

| funktionale Haltung (Test-Resultat) | | funktionales Motiv | Therapie-Ziel Therapie-Strategie |
|---|---|---|---|
| ++ 1 -- 2 | Ein gefälliger Nutz-Genießer | Ein trotziger Einzelgänger | Variabilität: offene Beziehungen |
| ++ 1 -- 3 | Ein erschöpfter Resignierter | Ein ungeduldig Begehrender | Differenzierung: Distanzierung |
| ++ 1 -- 4 | Ein überfürsorglicher Geborgenheit-Sucher | Ein ruheloser Paradies-Sucher | Autonomie: emotionale Selbständigkeit |
| ++ 2 -- 1 | Ein trotziger Einzelgänger | Ein gefälliger Nutz-Genießer | Variabilität: offene Beziehungen |
| ++ 2 -- 3 | sich überfordernde Selbstbehauptung | Bestätigung forderndes Imponieren | Heteronomie: Aufnahmebereitschaft |
| ++ 2 -- 4 | Ein selbstunsicherer Respektforderer | Ein ausbrechender Illusionist | Integration: vertrauensvolle Kommunikation |

| funktionale Haltung (Test-Resultat) | funktionales Motiv | Therapie-Ziel Therapie-Strategie |
|---|---|---|
| ++ 3 – – 1 Ein ungeduldig Begehrender | ++ 1 – – 3 Ein erschöpft Resignierter | Differenzierung: Distanzierung |
| ++ 3 – – 2 Bestätigung fordern- des Imponieren | ++ 2 – – 3 sich überfordernde Selbst-behauptung | Heteronomie: Aufnahme-bereitschaft |
| ++ 3 – – 4 Ein besorgter Streber | ++ 4 – – 3 Ein gequälter Konflikt-Flüchter | Konstanz: verständnisvolle Geduld |
| ++ 4 – – 1 Ein ruheloser Paradies-Sucher | ++ 1 – – 4 Ein überfürsorglicher Geborgenheit-Sucher | Autonomie: emotionale Selbständigkeit |
| ++ 4 – – 2 Ein ausbrechender Illusionist | ++ 1 – – 4 Ein selbstunsicherer Respektforderer | Integration: vertrauensvolle Kommunikation |
| ++ 4 – – 3 Ein gequälter Konflikt-Flüchter | ++ 3 – – 4 Ein besorgter Streber | Konstanz: verständnisvolle Geduld |

++1    *Geborgenheitsbedürfnis*

Benötigt beruhigende, erholsame Behaglichkeit und eine konfliktlose, harmonische Partnerbeziehung. Wunsch nach Übereinstimmung und Verbundenheit.
(Selbstverwöhnung und Betäubung zwecks Befriedigung: z. B. durch Essen, Rauchen, Sex, Alkohol). Psychosomatische Überreiztheit.
Therapie: siehe »Checkliste« Nr. 1b, S. 97.


++1－－2    *Ein gefälliger Nutz-Genießer*

Fühlt sich in den Ansprüchen und der persönlichen Geltung nicht angemessen respektiert. Empfindet die Situation als Druck und Behinderung des freien Willens oder als Zwangslage und Sackgasse.
   Weicht aber einer Entscheidung aus, um durch die gefällige, konziliante Kompromißbereitschaft die benötigte Ruhe zu haben und die Vorteile nützen und genießen zu können.


++1－－3    *Ein erschöpfter Resignierter*

Ist durch die ärgerlichen und kränkenden Verhältnisse überfordert. Findet, daß der Energieaufwand keinen angemessenen Erfolg hat. Ist durch die quälende Überreizung rasch ermüdet, erschöpft, deprimiert und resigniert. Benötigt konfliktlose, beruhigende und erholsame Behaglichkeit in harmonischer Verbundenheit.

−−1    *Entfremdung*

Fühlt sich in dieser Situation nicht wohl und geborgen, sondern entfremdet und innerlich einsam. Ist dadurch unzufrieden, überempfindlich, ungeduldig, ruhelos. Möchte aus dieser Situation weg. Angst vor Abhängigkeit in einer unbefriedigenden Bindung.
Ruhelosigkeit und psychosomatische Erregtheit.
Therapie: siehe »Checkliste« Nr. 1a, S. 95


−−1++2    *Ein anmaßender, trotziger Einzelgänger*

Fühlt sich überlegen. Will als besondere Persönlichkeit respektiert werden. Will sich behaupten und selbst bestimmen können. Urteilt anmaßend. Entfremdet sich der als unbefriedigend taxierten Beziehung. Ist überempfindlich, ungeduldig und kann trotzig abweisend sein.


−−1++3    *Ein ungeduldig Begehrender*

Will eine starke Wirkung erzielen und Erfolg haben. Will die Intensität der vitalen Aktivität spüren.
Ist mit der bestehenden Situation und dem Erreichten nicht zufrieden. Will mehr. Hat Angst vor Abhängigkeit in einer unbefriedigenden Beziehung. Der Erlebnis- und Erfolgshunger verhindert eine ruhige Verbundenheit und befriedigte Geborgenheit. Ist daher ruhelos, ungeduldig und leicht erregbar. Kann aggressiv oder provozierend sein.

## ++1−−4    *Ein überfürsorglicher Geborgenheit-Sucher*

Ist ängstlich besorgt. Sucht einen festen Halt und beruhigende
Geborgenheit. Sucht die benötigte Sicherheit, Befriedigung
und Entspannung in einer zuverlässigen Bindung. Versucht
sich durch Fürsorglichkeit vor dem Verlust der Bindung, des
Besitzes oder Gesundheit zu bewahren. Empfindet Kritik als
Zurückweisung.


## ++2    *Geltungsanspruch*

Will als besondere Persönlichkeit geachtet werden. Will durch
Überlegenheit als kompetent respektiert werden. Will sich be-
haupten und selbst bestimmen können.
(Autoritativ zwecks Selbstsicherheit)
Psychosomatische Gespanntheit.
Therapie: siehe »Checkliste« Nr. 2b, S. 100.


## ++2−−1    siehe: −−1++2


## ++2−−3    *Sich überfordernde Selbstbehauptung*

Ist überfordert und dadurch kritisch, überempfindlich, leicht
verletzbar und gekränkt. Will sich aber behaupten und vertei-
digt sich durch Argumentieren. Will der Situation durch Überlegenheit gewachsen sein und als kompetent respektiert werden. Bemüht sich, die angespannte Belastung auszuhalten und
die Überreizung unter Kontrolle zu haben und nicht zum Aus-
bruch kommen zu lassen.

202

−−1++4    *Ein ruheloser Paradies-Sucher*

Empfindet eine unbefriedigende Bindung als unerträglich. Kann sich in einer solchen Beziehung nicht wohl und geborgen fühlen, sondern entfremdet sich ihr und bleibt innerlich einsam. Reagiert daher überempfindlich und ungeduldig.

Ist ruhelos, um der deprimierenden Einsamkeit zu entfliehen. Erwartet, daß sich in Zukunft neue und bessere Möglichkeiten für eine konfliktlose Harmonie bieten.

−−2    *Behinderung*

Fühlt sich in dieser Situation durch Druck oder Widerstand in den eigenen Ansprüchen eingeengt und in der persönlichen Geltung nicht angemessen respektiert oder durch eine zermürbende Zwangslage unterdrückt und in einer Sackgasse. Braucht Bestätigungen. Will den Hindernissen ausweichen, um nach freiem Belieben leben und verfügen zu können. Angst vor Zwang, vor Einengung und vor Behinderung des freien Willens.
Psychosomatische Druck-Spannung.
Therapie: siehe »Checkliste« Nr. 2a, S. 98.

−−2++1    siehe: ++1−−2

−−2++3    *Ein Bestätigung Begehrender*

Will die Wirkung und den Erfolg der eigenen Aktivität erleben. Fühlt sich aber unter diesen Verhältnissen in den Ansprüchen eingeengt und durch den Widerstand behindert. Will den Hindernissen ausweichen, um nach freiem Belieben leben und erleben zu können und Bestätigung zu finden.

++2−−4    *Ein unsicherer Respekt-Forderer*

Eigene Unsicherheit und die Sorge vor dem Verlust an Ansehen, an Besitz oder der Gesundheit erzeugen eine ängstliche Gespanntheit. Will sich vor Kritik und Zurückweisung schützen. Ist darum besorgt, sich durch Richtigkeit, Zuverlässigkeit und Perfektion zu bewähren. Will durch Überlegenheit als kompetent respektiert werden.


++3    *Herausforderung*

Will eine starke Wirkung erzielen. Will den Erfolg und die Resonanz der eigenen Intensität und vitalen Aktivität spüren. (Aggressivität, Provokation)
Psychosomatische Erregtheit.
Therapie: siehe »Checkliste« 3b, S. 103.


++3−−1    siehe: −−1++3


++3−−2    siehe: −−2++3


++3−−4    *Ein besorgter Streber*

Will einen wirksamen Erfolg erzielen. Ist darum besorgt, sicherzugehen und Risiken zu vermeiden. Strebt mit Achtsamkeit und Eifer danach, das Ziel sicher zu erreichen.

−−2++4    *Ein ausbrechender Illusionist*

Findet, daß die bestehenden Verhältnisse die eigenen Ansprüche behindern. Will dem Druck dieser Situation und den Hindernissen ausweichen und den Problemen entfliehen, um nach freiem Belieben leben zu können. Erwartet, daß sich in Zukunft neue, bessere Möglichkeiten bieten werden.


−−3    *Überforderung*

Ärgert, quält und kränkt sich, daß der Energieaufwand keinen angemessenen Erfolg hat. Lustlosigkeit, Ermüdbarkeit, Schwächung, Resignation.
Psychosomatisch: erschöpfende Überreizung.
Therapie: siehe »Checkliste« Nr. 3a, S. 101.


−−3++1    siehe: ++1−−3


−−3++2    siehe: ++2−−3


−−3++4    *Ein gequälter Konflikt-Flüchter*

Ärgert und kränkt sich wegen der zum Verzweifeln mißbehaglichen Situation. Findet, daß der Energieaufwand nicht den erwarteten Erfolg bringt. Möchte den quälenden Belastungen und Problemen entfliehen. Hofft einen befreienden Ausweg und in Zukunft neue, bessere Möglichkeiten zu finden.

++4    *Befreiung*

Möchte sich von bedrückender Behinderung oder Belastung befreien. Erwartet in Zukunft neue, bessere Möglichkeiten (Problem-Flucht). Psychosomatische Gespanntheit.
Therapie: siehe »Checkliste« Nr. 4b, S. 106.


++4−−1    siehe: −−1++4


++4−−2    siehe: −−2++4


++4−−3    siehe: −−3++4

Macht sich Sorgen. Hat Angst vor Verlorenheit, vor Unsicher-
heiten, vor Kritik und Zurückweisung, vor dem Verlust einer
emotionalen Bindung, des Besitzes, der Gesundheit.
Psychosomatisch: ängstliche Gespanntheit.
Therapie: siehe »Checkliste« Nr. 4a, S. 104.


−−4++1     siehe: ++1−−4


−−4++2     siehe: ++2−−4


−−4++3     siehe: ++3−−4

## 5.5 Der Würfel der ZEIT-GESTALT

Die subjektive Wirklichkeit ist die Relation der subjektiven Zeit (konstant/variabel) mit dem subjektiven Gestalt-Raum (autonom/heteronom).

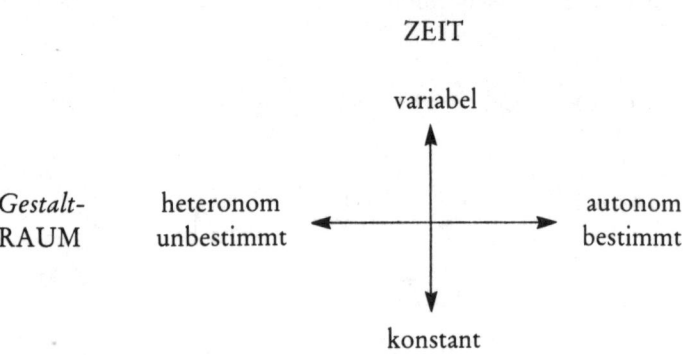

Durch die subjektive Bewertung (+ / −) der Relation (der Raum-Zeit-Situation) entsteht die senkrechte Dimension und damit der Würfel der erlebten Zeit-Gestalten.
Die 8 Ecken des Würfels sind:

+ 1 Dauer                    − 1 Eile

+ 2 Zeitpunkt                − 2 Irgendwann

+ 3 Präsenz (jetzt)          − 3 Absenz (nicht jetzt)

+ 4 Zukunft                  − 4 Vergangenheit

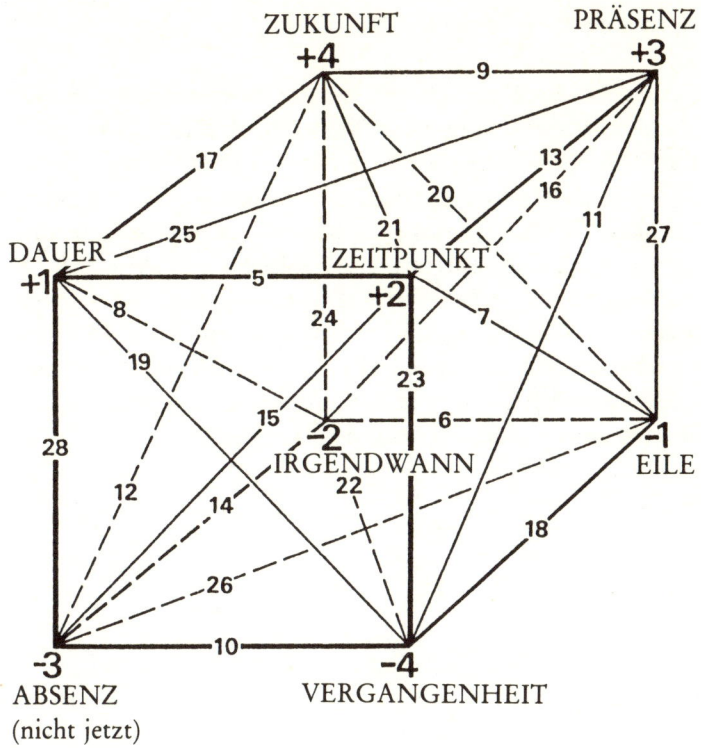

Wer seine Situation als zeitlichen Gegensatz erlebt, ist in einem Konfliktzustand. Er fühlt sich z. B. »dauernd (+1) in Eile (−1)«, oder es ist ihm »jetzt (+3) langweilig (−3)« oder er findet wie jener Weltstar, dem das Leben verleidet war: »Die Zukunft (+4) ist für mich schon Vergangenheit (−4).«

Die Verbindungslinien des Zeit-Würfels:

Besonders aufschlußreich sind Zeitkonflikte zwischen den sich räumlich gegenüberliegenden Würfellinien. Dazu ein Beispiel: Ein 70jähriger kultivierter Mann ist im Erholungsaufenthalt. Er leidet unter Ehekonflikten, die »jederzeit« (Würfellinie 5) auftreten. Er lehnt im Farbtest Blau ab: −1 (Entfremdung, unzufrieden, unruhig, einsam), und zugleich Grün ab: −2 (fühlt sich eingeengt und behindert). Die Kombination −1 mit −2 bedeutet: »Will aus der Behinderung ausbrechen.« Die entsprechende Zeit-Gestalt −1 mit −2 (Würfellinie 6) bedeutet »plötzlich«. Am Tag vor der Rückkehr nach Hause springt er überraschend, »plötzlich«, aus dem Fenster.

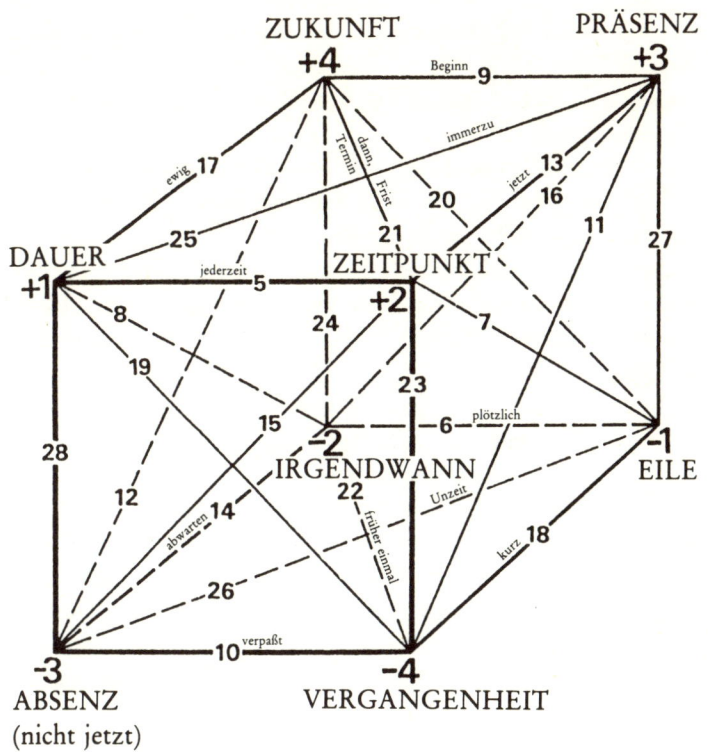

ZUKUNFT
+4

PRÄSENZ
+3

Beginn 9

ewig 17

immerzu

dann, Frist

Termin

jetzt 13

20 16

21

25

11

27

DAUER
+1

jederzeit 5

ZEITPUNKT
+2

8

24

7

19

23

15

6 plötzlich

−2

−1

IRGENDWANN

EILE

28

12

22

Unzeit

abwarten 14

früher einmal

kurz 18

26

−3

10 verpaßt

−4

ABSENZ
(nicht jetzt)

VERGANGENHEIT

Es ist aufschlußreich, Linien zu vergleichen, die sich im Zeit-Würfel spiegelbildlich gegenüberliegen, denn sie beschreiben funktionale Gegensätze. Zwischen ihnen spielen sich die Problemsituationen ab.

Bei dem 70jährigen Mann war der »jederzeit« (siehe Linie 5) auftretende Ehekonflikt der Grund für den überraschenden, »plötzlichen« (siehe Linie 6) Selbstmord.

Der funktionale Vergleich der Linie 7 »Augenblick« mit der Linie 8 »verweilen«, erinnert an Goethes Faust (I. Teil). Faust macht es davon abhängig, ob er mit Mephisto einen Pakt schließt:

>»Werd' ich zum Augenblicke sagen:
>Verweile doch! Du bist so schön!
>Dann magst Du mich in Fesseln schlagen,
>Dann will ich gern zugrunde gehn!«

Vergleicht man, was dieselben beiden Linien im Zeit-Würfel (siehe Seite 211) und im Würfel der funktionalen Haltungen (siehe Seite 213) bedeuten, vertieft sich das Verständnis für die zitierte Faust-Stelle. Selbst das, was Faust sich als Therapie verordnet, entspricht genau dem funktionspsychologischen Therapie-Ziel.

Die Linie 7 (+2−1) bedeutet zeitlich »der Augenblick«. Die funktionale Haltung (++2−−1) charakterisiert Faust als »trotzigen Einzelgänger«:

>»Und so ist mir das Dasein eine Last,
>der Tod erwünscht, das Leben mir verhaßt.«

Die Linie 8 (+1−2) bedeutet zeitlich »verweilen«. Als funktionale Haltung charakterisiert sie den »gefälligen Nutz-Genießer«.

Faust hat in dem Pakt mit dem Teufel vereinbart, wenn er zum geistlosen Spießer und gefälligen Nutz-Genießer wird:

>»Dann magst Du mich in Fesseln schlagen,
>Dann will ich gern zugrunde gehn!«

Als Therapie für die beiden Haltungen (+2−1) »ein trotziger Einzelgänger« und (++1−−2) »ein gefälliger Nutz-Genießer«

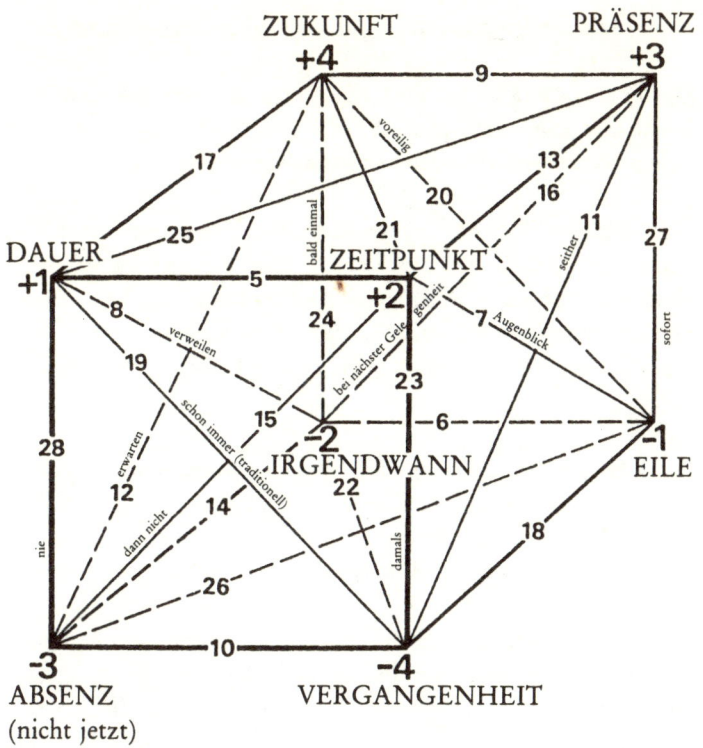

verordnet sich Faust genau das, was die Tabelle »Die 12 funktionalen Haltungen und ihre Therapie-Ziele« (S. 198/199) empfiehlt: »Variabilität: offene Beziehungen«. Faust entscheidet:

»Des Denkens Faden ist zerrissen,
Mir ekelt lange vor allem Wissen.
Laß in den Tiefen der Sinnlichkeit
Uns glühende Leidenschaften stillen!
Stürzen wir uns in das Rauschen der Zeit,
Ins Rollen der Begebenheit.«

# 6. Das Therapie-Ziel und die Therapie-Strategie

Die Psychotherapie bemüht sich, die Selbstbewertungen und damit ihre ego-zentrischen Ich-Polarisierungen, das heißt, die »neurotischen« Haltungen, zu vermeiden.

Das Ziel der Psychotherapie, der Pädagogik und ethischen Kultivierung ist es, daß der Mensch anstelle seiner Ego-Zentrizität eine adäquate Gleichgewichtsbeziehung zur Umwelt in den drei Dimensionen (Raum, Zeit, Relation) und damit eine harmonische, rhythmische und kommunikative Beziehung findet.

Darin besteht nach der am Sinn orientierten Funktionspsychologie das Heil und die Heilung.

## 6.1 Die funktionale Therapie-Strategie

Mit dem vierdimensionalen System der Funktionspsychologie kann die emotionale Struktur beurteilt werden. Wir bezeichnen sie als Diagnose-Struktur. Sie entsteht durch die Bewertung (von $++$ bis $--$) der vier Grundstrukturen (1, 2, 3, 4). Eine emotional normale Diagnose-Struktur kann z. B. lauten: $+3, +1 = 4, -2$.

Bei konflikthaften (»neurotischen«) Diagnose-Strukturen ist wenigstens eine Struktur überbewertet ($++$) und eine andere unterbewertet ($--$), etwa $++3, +1 = 4, --2$. Aus einer konflikthaften Diagnose-Struktur kann die zweckmäßige Therapie-Struktur abgeleitet werden. Sie zeigt, wie der normalisierende Ausgleich unter den vier Dimensionen zu erreichen ist. Darum dient die Therapie-Struktur zur Therapie-Strategie.

6.2 Neben der nachfolgenden funktionspsychologischen Ableitung (siehe 6.4) gibt es folgende einfache Regel, um die Therapie-Struktur zu finden:

a. Die beiden letzten Ziffern der Diagnose-Struktur werden vor die beiden ersten gestellt, z. B.
Diagnose-Struktur: 1, 2, 3, 4
Therapie-Struktur: 3, 4, 1, 2

b. Bei der Therapie-Struktur werden die beiden ersten Ziffern mit +, die dritte mit = und die vierte mit − markiert, z. B.
3+, 4+, 1=, 2−

c. Bei der Therapie-Struktur werden die Markierungen hinter die Ziffern gesetzt, um sie von der Diagnose-Struktur unterscheiden zu können.

Beispiele:

| | |
|---|---|
| Diagnose-Struktur | ++ 1, + 2, − 3, −− 4 |
| Therapie-Struktur | 3 +, 4 +, 1 =,  2 − |
| | |
| Diagnose-Struktur | ++ 4, = 3, = 2, −− 1 |
| Therapie-Struktur | 2 +, 1 +, 4 =,  3 − |
| | |
| Diagnose-Struktur | ++ 3, + 1, + 2, −− 4 |
| Therapie-Struktur | 2 +, 4 +, 3 =,  1 − |

6.3 Die notwendigen Therapie-Empfehlungen können für die Ziffern mit + und mit − in der Checkliste (Seiten 93 bis 106) unter den entsprechenden, markierten Ziffern nachgelesen werden, z. B. Therapie-Struktur 2+, 4+, 3=, 1− siehe: Empfehlung (2+) und (4+) und (1−).

6.4 Aus der Diagnose-Struktur wird nach folgenden funktionspsychologischen Überlegungen die Therapie-Struktur und Therapie-Strategie abgeleitet.
a. Das bevorzugte, erste Paar hat ein Übergewicht gegenüber dem zweiten Paar.
In dem Beispiel ++1, +2, −3, −−4 zeigt das erste Paar (1 und 2) eine übersteigerte, also fixierte Konstanz. Sie muß

reduziert werden. Das zweite Paar (3 und 4) muß als schwache Variabilität verstärkt werden. Darum wird das zweite Paar vor das erste gesetzt. Aus der Abfolge 1, 2, 3, 4 wird dadurch die Rangfolge 3, 4, 1, 2.

b. Die überbewertete und die unterbewertete Strukturziffer zeigen, worin die konflikthafte Haltung besteht. Bei dem Beispiel $++1$, $+2$, $-3$, $--4$ sind es die beiden Ziffern 1 und 4.

Beide Ziffern sind heteronom. Die abnorme Heteronomie (Beeinflußbarkeit, Abhängigkeit, Suggestibilität) muß durch die Verstärkung der Autonomie (Selbstbehauptung) ins Gleichgewicht gebracht werden. Darum müssen die autonomen Strukturen 3 und 2 aktiviert werden. Das geschieht, indem die eine an die erste Stelle (das Verhalten) und die andere an die letzte Stelle (das Motiv) gesetzt wird.

c. Die Therapie-Struktur erhält immer die normalen Werte. Die erste und zweite Ziffer werden mit + markiert, die dritte mit = und die vierte mit −.

d. Bei der Therapie-Struktur werden die Markierungen hinter die Ziffern gesetzt, um sie von der Diagnose-Struktur unterscheiden zu können. Bei dem Beispiel lautete die Therapie-Struktur $3+$, $4+$, $1=$, $2-$.

# Register

Personennamen sind durch *kursive* Schrift, die Titel von Büchern und Zeitschriften (ohne Artikel) durch Anführungen gekennzeichnet.